Duell der Begierden

Duell der Begierden

Dritter Teil der Trilogie von Versuchung und Vermächtnis

Cecilia Ventes

Inhalt

dinier-verlag@web.de

Bibliografische Information der Deutschen Nationalbibliothek:

Die Deutsche Nationalbibliothek verzeichnet diese Publikation in der Deutschen Nationalbibliografie; detaillierte bibliografische Daten sind im Internet über http://dnb.dnb.de abrufbar.

1. Auflage 2017

Umschlaggestaltung: Michael Barth

Lektorat: Rebekka Schütz

Druck und Bindearbeiten: Bookwire. Gesellschaft zum Vertrieb digitaler Medienm mbH. Kaiserstr. 56, 60329 Frankfurt am Main

ISBN: 978-3-947032-06-8

Dritter Teil der Trilogie von Versuchung und Vermächtnis

Duell der Begierden

Auch erhältlich als:

E-Book, ISBN: 978-3-947032-07-5

Hörbuch-Download, ISBN: 978-3-947032-08-2

www.cecilia-ventes.de

facebook.com/ceciliaventesschriftstellerin

Dieses Buch ist ein Roman. Die Charaktere und die Handlung sind von mir frei erfunden. Etwaige Ähnlichkeiten mit lebenden oder verstorbenen Personen sind rein zufällig und keineswegs von mir beabsichtigt.

Cecilia Ventes

1

Rupert lässt eine Botschaft überbringen

Die Zeit schien stillzustehen. Den Wartenden kroch die Feuchte der Nacht unter ihre Kleidung und ließ sie erschauern. Der Mond trat hinter den Wolken hervor und erhellte die düstere Atmosphäre. Drei Reiter näherten sich vom Waldrand aus dem Schloss. In ihren Händen hielten sie weiße Flaggen, woraufhin ihr Eintreffen von den königlichen Soldaten mit *»Nehmt die Waffen runter! Sie tragen weiße Flaggen mit sich! Lasst sie durch!«* kommentiert wurde.

Ritter Blaubart, Gernod von Demian sowie König Zito beobachteten die Herankommenden skeptisch. Drei heruntergekommene Gestalten mit derben Gesichtern standen nun vor ihnen. Einer davon war Hegron, der flinke Zwerg. Die zwei anderen Männer waren von bulliger Statur und machten einen nicht ganz so gerissenen Eindruck wie der drahtige, kleine Mann mit den kurzen roten Haaren. Hegron ergriff zuerst das Wort.

»Ich grüße Euch, mein König, und Euch, edle Herren. Unser Anführer will Euch ein Angebot unterbreiten, ein sehr wohlwollendes, wie ich meine, denn …«

»Ob etwas wohlwollend für uns ist, entscheiden wir selbst«, unterbrach Ritter von Demian den Redner.

Der rothaarige Mann nickte untergeben, aber sprach findig weiter:

»Unser Anführer fordert Euch zum Duell, mein König. Er ist bereit, auf weitere Kämpfe und Angriffe zu verzichten, wenn Ihr gegen ihn antreten werdet oder einer Eurer Männer dies für Euch übernimmt. Derjenige, der aus diesem Kampf als Sieger hervorgeht, soll neuer König und Herrscher sein. Der Verlierer wird ohne Gnade getötet. Euer Sohn Rupert erwartet Eure baldige Antwort, andernfalls werden die Angriffe weitergehen, und zwar so lange, bis Ihr Euch ergebt oder das Königreich von uns eingenommen worden ist.«

Hegron blickte auf die vielen Lichter, die aus dem Wald schimmerten, und fügte hinzu:

»Ich würde mir an Eurer Stelle nicht allzu viel Zeit lassen mit der Entscheidung, denn Eure Chancen stehen, mit Verlaub gesagt, recht schlecht. Eure Armee ist angeschlagen, Euer Volk schwach und verängstigt und die Dunkelheit ist nicht Euer Freund. Wollt Ihr wirklich weiterhin unschuldige Leben aufs Spiel setzen? Lasst drei brennende Pfeile in die Luft schießen, wenn Ihr für den Zweikampf bereit seid. Sehen wir nur einen Pfeil am Himmel, gehen wir davon aus, dass Ihr das Angebot ausschlagt.«

Der schmächtige Mann zog die Augenbraue mit einem entschuldigenden Schulterzucken hoch, ganz so, als ob er keinerlei Schuld am Kriegszustand des Reiches tragen würde und lediglich der Überbringer der Botschaft sei. König Zito beobachtete die Männer genau. Abscheu spiegelte sich in seinem Gesicht wider. Aber wohlerzogen, und sich der Lage bewusst, antwortete er höflich:

»Ich denke nicht, dass es einer langen Gedenkpause bedarf. Gleichwohl frage ich mich, woher ich wissen soll, ob mein Sohn Wort halten wird, falls ich gewinne?«

Hegron meinte lächelnd:

»Oh, Euer Sohn ist von edler Abstammung. Würdet Ihr ihm etwa Wortbruch zutrauen?«

Der schwarze Ritter ballte seine Faust, vermied es jedoch, sich zu etwas Unklugem hinreißen zu lassen.

»Kann ich Rupert also die frohe Botschaft überbringen, dass er sich dem Schloss ungehindert nähern kann?«, vergewisserte sich Hegron mit einem überheblichen Grinsen.

»Nein! Nein, das kann er nicht«, warf Gernod barsch ein.

»Ich will eine Sicherheit. Eine Sicherheit, dass er gezwungen wird, sein Wort zu halten, falls er verliert. Man kann ihm nicht trauen. Sag ihm, dass wir uns beraten und ihm Nachricht zukommen lassen, und zwar dann, wenn er uns einen glaubwürdigen Gegenwert für sein Versprechen gibt – und nur dann. Richte ihm aus, dass er mit dem Rücken zur Wand steht und dass wir darum wissen. Ein Vorschlag wie dieser würde niemals von Rupert kommen, wenn es keine Notwendigkeit dazu geben würde.«

Hegron gefiel die Antwort nicht, und so schaute er den König ungläubig an. Dieser nickte zustimmend. Ruperts Männer entfernten sich wieder, während König Zito, der schwarze Ritter und Ritter Blaubart schweigend auf ihren Pferden saßen.

»Ich werde gegen Rupert antreten«, tat der König kund.

Der schwarze Ritter lachte verständnislos und verärgert auf.

»Wie stellt Ihr Euch das vor? Wollt Ihr Euren eigenen Sohn töten? Dazu seid Ihr doch überhaupt nicht in der Lage. Viel zu sehr würde Euer Kampfgeist unter väterlichem Mitgefühl leiden. Was, wenn Euer Sohn gewinnt? Meint Ihr allen Ernstes, er würde Euch vor dem Tode verschonen? Ihr seid der König, Ihr dürft dieses Risiko nicht eingehen. Ohne Euch gäbe es keine Hoffnung für das Volk. Solange Ihr aber lebt, wäre es selbst im Falle einer Niederlage bereit, eine Revolution gegen Rupert zu entfachen.«

Zito sah seinen Freund an und fragte vorwurfsvoll:

»Und wer soll dann an meiner Stelle kämpfen?«

Ritter Blaubart fürchtete die Antwort und zuckte zusammen, als Gernod laut und deutlich »Ich!« erwiderte.

»Denkt an die Prophezeiung, mein Freund. Noch ist der Mond klar und deutlich zu sehen, aber wenn er sich verdunkeln sollte …«, gab der kräftige Ritter mit dem zerzausten Bart sofort zu bedenken, vermied es jedoch, die Folgen der Prophezeiung auszusprechen.

Der König bewunderte die Entscheidung seines ersten Ritters, dennoch konnte er diese nicht hinnehmen und sprach in die Runde:

»Deshalb gehe ich.«

Ritter Blaubart kannte Gernod allerdings gut genug, um zu wissen, dass dieser sehr dickköpfig sein konnte und, wenn überhaupt, nur mit den besten Argumenten von etwas abzubringen war. Daher wollte er nichts unversucht lassen und richtete freundschaftlich seine Worte an ihn.

»Wir haben gute, tapfere und starke Männer. Lasst uns denjenigen auswählen, von dem wir glauben, dass er dieser Aufgabe gewachsen ist. Jeder andere ist besser und unvoreingenommener als Ihr Gernod oder der König. Ihr seid ebenfalls zu sehr mit Rupert verbunden und hegt tiefe Gefühle in Eurem Herzen; vielleicht auch die Hoffnung, dass aus ihm noch ein guter Mensch werden kann. Ganz abgesehen davon – Ihr würdet es nicht über Euer Herz bringen, den Sohn Eures Königs zu töten. Glaubt mir, ich kenne Euch.«

Er wandte sich von Gernod ab, sah den König an und bat:

»Lasst mich antreten. Es wäre mir eine große Ehre, Eure Majestät.«

Ungeduldig äußerte der schwarze Ritter:

»Es ist egal, wen wir senden. Rupert wird nicht mit offenen Karten spielen, deshalb dürfen wir es auch nicht tun. Er wird uns keine Sicherheit bieten können und wollen. Ich bin überzeugt, dass seine Männer bereits einen weiteren Angriff planen. Wenn wir das Duell ausfechten und es nur im Geringsten nach einer Niederlage für Rupert aussieht, wird sich ein weiterer Trupp hinterrücks heranschleichen und zuschlagen. Egal, was passiert, wir müssen immer in Bereitschaft sein. Außerdem bin ich immer noch der Meinung, dass Ruperts Truppen schwächer sind, als es aussieht. Niemals würde er solch einen Vorschlag unterbreiten, wenn er das Dorf sicher mit seinen Männern einnehmen könnte.«

Der König hatte dem schwarzen Ritter nur halb zugehört. Seine Aufmerksamkeit galt den dunklen Wolken, die sich immer wieder dem Mond näherten. Auch Gernod blickte nun zum Firmament. Beharrlich ignorierte er die Zeichen der Vorhersehung.

»Ich brauche eine Entscheidung«, sagte er zum König.

»Lasst die Soldaten in Stellung gehen, schießt drei brennende Pfeile in die Luft und eilt zu Euren Truppen an den Seitenflügel des Schlosses. Sollte es zu einem erneuten Kampf kommen, wünsche ich, dass Ihr die Truppen persönlich anführt. Ich warte hier auf meinen

Sohn. Ich bin der König und ich werde mich dieser Herausforderung stellen. Mein Sohn Rupert ist schon lange gestorben. Der Mann, gegen den wir kämpfen, ist mir unbekannt. Schützen muss ich lediglich mein Volk.«

Entschlossen und endgültig klangen diese Anweisungen, sodass niemand widersprach. Beide Ritter nahmen dies mit einem Kopfschütteln hin. Wie gewünscht, befolgte man die Befehle des Königs und wartete nun auf Rupert. Ritter Blaubart und Gernod hatten sich widerwillig zu ihren Truppen begeben. Es dauerte nicht lange, da sah man von weitem eine kleine Gruppe näher kommen. Es war Rupert – mit fünf seiner bewaffneten Gefolgsleute. Hasserfüllt und zugleich verängstigt waren die Blicke der Bewohner und Soldaten des Königreiches, an denen sie vorbeiritten, um zum König zu gelangen.

2

Zweifel und Entschlossenheit

Gernod war von seinem Ross gestiegen, um für einen Moment die Einsamkeit zu suchen. Mit gesenktem Haupt lehnte er an einem Baum abseits seiner Männer und betete leise. Ein Knacken ließ ihn hochschrecken, woraufhin er sich umdrehte. Arfalla stand vor ihm und musterte den Mann mit der Augenklappe. Ihr entging nicht, dass Tränen über seine Wange liefen. Beschämt wandte Gernod sich von der Hexe ab und wischte mit dem Handrücken sein Gesicht trocken. Dabei murmelte er:

»Seid Ihr nun zufrieden? War das der Grund, weshalb Ihr mir den raschen Weg zum Schloss gewiesen habt?«

Die Hexe des Zorns setzte sich auf den Boden und bemerkte leise:

»Ich weiß nicht, wovon Ihr sprecht, Ritter. Es war Euer Wunsch, so schnell wie möglich zurückzukehren, und dabei habe ich Euch geholfen.«

»Das meine ich nicht!«

Arfalla atmete tief durch.

»Ihr wollt wissen, ob Ortwins Vorhersehung stimmt? Jeder Kampf birgt Gefahren in sich. Wenn Euch jemand im Vorhinein gesagt hätte, dass es Euer Schicksal ist, in diesem Kampf umzukommen, hättet Ihr dann Euren König im Stich gelassen?«

Gernod schüttelte stumm den Kopf.

»Was also ist jetzt anders? Niemand kann seinem Schicksal entrinnen, jeder kann nur versuchen, das Beste für sich daraus zu machen. Und niemand kann mit Gewissheit sagen, welche Entscheidungen ein Mensch an den unterschiedlichen Kreuzungen seines Lebensweges treffen wird. Ihr aber habt Euch entschieden, dem König zu helfen. Ich habe Euch nur geholfen, diesen Weg zu gehen. Ihr hattet die Wahl. Es liegt nun an Euch, wie Ihr das Schicksal dieses Weges meistert. Die Chancen stehen, für Euch jedenfalls, schlecht, aber Ihr hättet ja auch einfach in den Bergen bleiben können. Ich habe Euch geführt – verführt habt Ihr Euch selbst.«

Ritter von Demian fühlte sich von diesem Gefasel gestört.

»Was wollt Ihr eigentlich von mir? Warum seid Ihr wieder da?«, bemerkte er harsch.

Die Hexe erhob sich und näherte sich ihm mit den Worten:

»Wir beide wollen jemanden beschützen. So wie es aussieht, ist jeder von uns allein dafür zu schwach, diese Aufgabe zu erfüllen.«

»Wen sollten wir beide beschützen wollen? Ich kann mir nicht vorstellen, dass wir in irgendeiner Weise das gleiche Ansinnen haben könnten.«

Arfallas Augen funkelten gereizt. Sie zog ihn an sich heran und fauchte:

»Ihr wisst überhaupt nicht, mit wem Ihr Euch angelegt habt.«

»Doch, das weiß ich. Ich weiß, wer Ihr seid, und ich weiß, wer dieser verdammte Sebastian von Geradville ist. Ihr seid alle Teu …«

»Vorsicht! Niemand hat Euch gebeten, sich in unsere Angelegenheiten einzumischen, aber Ihr konntet ja nicht anders. Euer Herz verrät Eure wahren Gefühle. Nicht die Furcht um den König hat Euch zur Rückkehr bewegt, sondern die junge Frau. Nicht nur ich weiß das. Ihr habt eine besondere Verbindung zu ihr. Mit dem Erscheinen ihrer Person sind sowohl alte, schmerzliche Erinnerungen als auch Hoffnungen verbunden …«

Gernod schubste die Hexe von sich weg und schrie:

»Schweigt!«

Aufgeregt ging er ein paar Schritte hin und her. Plötzlich spürte er Arfallas Atem an seiner Schläfe und ihre Worte drangen tief in sein Gewissen ein.

»Ihr könnt nicht weglaufen. Ihr seid nicht nur gut. In diesem Fall ist Euer Handeln von dem eigensinnigen Wunsch bestimmt, Madeleine als, wie Ihr findet, rechtmäßige Erbin der Krone auf dem Thron zu sehen.«

Sie pausierte und fuhr dann fort:

»Ein wahnsinniger Ortwin und ein entarteter erstgeborener Königssohn kommen doch da gerade gelegen. Mit viel Glück wird Euer König das Duell gewinnen und Rupert töten – oder sein barmherziges Wesen wird abermals einen großen Fehler begehen und den Bösewicht lediglich in den Kerker werfen lassen. Der Weg zum Thron wäre für Madeleine erst einmal frei, doch wer weiß schon, was dann noch kommt. Tötet der König seinen Sohn, würde er am Tod seines ältesten Kindes mit hoher Wahrscheinlichkeit zugrunde gehen. Sollte aber Rupert gewinnen, werdet Ihr gewiss nicht tatenlos zusehen, wie dieses Königreich in die Hände eines Despoten fallen würde. Das könntet Ihr gar nicht ertragen, habe ich recht? Deshalb wollt Ihr jetzt schon eingreifen und den Erstgeborenen niederstrecken, um die Menschen und Madeleine vor Schlimmerem zu bewahren. Ob der König Euch dies je verzeihen würde?«

Die aufgezeigte Ausweglosigkeit senkte sich wie eine zusätzliche Bürde auf den Schultern des schwarzen Ritters nieder.

»Oder glaubt Ihr an Wunder? Oh, ich vergaß. Ihr habt ja Gottvertrauen«, fügte sie zynisch hinzu.

»Ihr seid genauso falsch und grausam wie Rupert und dieser mysteriöse Fremde, der hier aufgetaucht war. Niemand von Euch meint es wirklich gut mit den Menschen. Ihr legt überall Eure Finger in die Wunden und reißt alte Narben auf, nur um uns zu schwächen und für Eure Verlockungen empfänglich zu machen.

Ihr führt nichts Gutes im Schilde. Was wäre der Preis, den wir zahlen müssten, damit Ihr Madeleine und den König mit Euren Bösartigkeiten verschont? Gibt es nichts, was Euch erfreuen würde? Keinen persönlichen Vorteil, den Ihr erlangen könntet, wenn Ihr mir helft? Ihr krümmt doch keinen Finger, ohne etwas davon zu haben. So sagt, was ist Euer Beweggrund, mich sterben zu lassen? Ist dies der Wunsch des Höllenreiches oder nur Eurer?«, forderte er, fast flehend, sie zu einer Antwort auf.

Arfalla lachte.

»Weshalb sollte ich Euch das erzählen? Ihr scheint an einem Geschäft ja nicht interessiert zu sein. Oder vielleicht doch? Und was meine persönlichen Absichten anbelangt, haben die Euch überhaupt nicht zu kümmern.«

Ritter von Demian stieg wieder auf sein Pferd und versuchte, seine Aufregung in den Griff zu bekommen.

»Je eher Rupert niedergestreckt wird, desto weniger Schaden wird er anrichten. Der König sollte die Bürde, seinen eigenen Sohn ermordet zu haben, nicht tragen müssen. Der Einzige, der wirklich gegen diesen Feind antreten kann, seid Ihr, und das wisst Ihr auch. Rupert will gegen Euch kämpfen und er wird nicht ruhen, bis dieser Kampf stattfindet«, ertönte die Frauenstimme wieder.

»Der Preis?«, wiederholte Gernod seine Frage erneut.

»Was wäre der Preis, wenn ich Eure persönlichen Absichten unterstütze und Ihr dafür meine?«

Die Oberhexe zierte sich.

»Dies ist eine Sache der Abwägung – wie viel Tod, Leid und Trauer Ihr wem zumuten wollt. Das eine bedingt das andere. Je schneller gehandelt wird, desto kürzer sind die Phasen des Krieges, der Trauer und des Leides. Versteht Ihr, was ich meine? Ihr solltet Euren König jetzt nicht im Stich lassen.«

»Was habt Ihr davon? Sagt mir jetzt, was Ihr davon habt, wenn ich anstelle des Königs kämpfen werde. Was nützt Euch mein Tod?«

Die Oberhexe sah ihn voller Mitleid an.

»Warum stellt Ihr immer mir diese Frage? Was ich möchte, ist vielleicht etwas völlig anderes, als das, was …«

»Wer möchte? Was wollt Ihr wirklich von mir? Wen wollt Ihr beschützen?«, hakte Gernod erbost nach.

Arfalla atmete tief durch, um sich nicht zu etwas hinreißen zu lassen, denn ihr Zorn hatte sie in einem falschen Moment ereilt. Schnell erlangte sie die Fassung wieder und lenkte vom Thema ab.

»Was sagt denn Euer Gott dazu? Ich sehe nicht, dass er irgendetwas unternimmt, um Euch zu schützen. Was hat er also davon, wenn er Euch in den Tod schickt? Ich kenne die Gründe des Höllenreiches, aber die Wege des Herrn … sind manchmal unergründbar. Fragt ihn!«

Tief in seinem Inneren rebellierte er gegen diese Prophezeiung. Er wusste, dass es nur eine Lösung gab, die Hochbergen eine friedliche Zukunft versprach, und das war das Niederstrecken von Rupert.

»Vielleicht sind die Wege meines Herrn unergründbar – für Euch. Gott ist an meiner Seite und wird dort auch zukünftig stehen – da bin ich mir sicher. Mag sein, dass es Euer Wunsch ist, dass die Prophezeiung eintritt, aber ich glaube daran erst, wenn es so weit ist. Ich werde Rupert besiegen, und zwar mit Gottes Hilfe.«

Gernod hielt Ausschau nach der Frau, doch die Hexe schien sich in Luft aufgelöst zu haben. Er war also wieder allein. Sein Zorn verflog und die Gedanken kreisten erneut umher. Er begann zu beten und flehte seinen Gott an, ihm den richtigen Weg zu weisen. Einsam fühlte er sich, fern von allen, die er liebte, und verloren in seinen Entscheidungsmöglichkeiten.

Arfalla beobachtete ihn heimlich und flüsterte:

»Ich bin Euch vielleicht mehr Freund, als Ihr es zu glauben vermögt.«

3

Das Duell

Als die sechs Männer dem König gegenüberstanden, herrschte eisige Kälte zwischen Vater und Sohn.

»Ich will nicht lange mit Euch reden, Vater. Lasst es uns hinter uns bringen. Ich denke, mein Gesandter hat Euch das Nötigste mitgeteilt. Das Duell wird direkt hier auf dem Marktplatz stattfinden. Als Waffen setzen wir Schwerter ein, nichts anderes. Gnade wird nicht gewährt und der Überlebende des Kampfes wird König sein.«

Zito nickte. Sein Sohn fügte hinzu:

»Wie von Eurem schwarzen Ritter gewünscht, gebe ich Euch als Sicherheit und Pfand dreißig meiner Männer.«

Ritter von Demian galoppierte plötzlich aus dem Dunkel hervor und stellte sich neben seinen König. Sein Gesicht war hasserfüllt und voll von Verachtung gegenüber Rupert. Dieser hingegen lächelte höflich.

»Gernod von Demian, ich freue mich, Euch zu sehen. Schade, dass es solch heikle Umstände sind, die uns zusammentreffen lassen«, begrüßte er den ersten Ritter des Staates.

»Du Brut des Teufels hast unschuldige Männer, Frauen und Kinder in den Tod gerissen, das Land in Schutt und Asche gelegt …«

»Gernod, schweigt!«, befahl Zito.

»Ich will Ortwin und diese junge Frau zu meiner Sicherheit als Pfand«, forderte Rupert emotionslos.

»Niemals, niemals!«, erzürnte sich Gernod.

Der Königssohn blickte seinen Vater an.

»Dreißig meiner Männer für Euch zur Sicherheit. Ortwin und das Mädchen zu meiner Sicherheit. Zwei gegen dreißig. Dies ist ein ehrenhaftes Angebot. Ihr habt doch selbst eine Sicherheit gewünscht, Ritter. Wenn ich das Leben meiner Männer in Eure Hände gebe, erwarte ich natürlich ebenfalls eine Absicherung, damit auch alles mit rechten Dingen zugehen wird«, wiederholte er die Forderung.

Der schwarze Ritter sah beinahe flehend zu seinem König und gab zu bedenken:

»Eure Majestät, tut das nicht! Die dreißig Männer bedeuten ihm doch nichts. Er würde sie ohne Weiteres opfern – wie alles andere auch, um an die Krone zu gelangen. Keine Menschenseele bedeutet ihm etwas – keine! Wenn Ihr ihm Madeleine und Euren Sohn aushändigt, habt Ihr verloren.«

Zito hob besänftigend seine Hand. Rupert sah derweil genervt in die Luft und schimpfte:

»Gibt es eigentlich einen Tag in Eurem Leben, an dem Ihr nichts gegen das, was ich tue, einzuwenden oder zu bedenken habt, Ritter von Demian? Ihr nehmt

Euch Rechte heraus, die Ihr anderen nicht zugesteht. Dreißig Männer überlasse ich Euch. Das schwächt nicht nur meine Kampfeskraft, sondern auch meine Autorität und mein Ansehen unter meinen Männern. Immerhin setze ich deren Leben aufs Spiel. Könnt Ihr das nachvollziehen? Der Wunsch nach einer Sicherheit war Eure Idee, nicht meine. Ein Menschenpfand für mich scheint mir in diesem Fall durchaus angebracht, denn was ist wertvoller als ein Menschenleben, oder?«

»Wir treffen uns auf dem Marktplatz, wenn dort dreißig unbewaffnete Männer mit gesenktem Haupt niederknien. Dein Bruder und die junge Frau werden ebenfalls dorthin geführt und in die Obhut von zweien deiner Männer gegeben. Sollte ich verlieren, wirst du der König über dieses Reich sein und gibst die beiden in Gernods Führsorge zurück«, bestätigte der König.

Ritter von Demian war sichtlich verzweifelt.

»Weshalb die junge Frau? Du kennst sie doch gar nicht. Wieso kein anderer?«

Der Königssohn lachte auf.

»Ich kenne mehr von ihr, als mir lieb ist. Mir ist zu Ohren gekommen, dass Ihr dieser jungen Frau sehr zugetan seid, genau wie mein Vater, und deshalb gibt es kein wertvolleres Pfand für mich. Außerdem habe ich mit diesem Weib noch eine Rechnung offen. Was wäre da naheliegender, als einen ihrer Gönner direkt vor ihren Augen niederzustrecken?«

Rupert wollte gerade davonreiten, da rief Ritter von Demian:

»Ich werde gegen dich kämpfen!«

»Nein!«, schrie der König.

»Ich werde nicht mit Euch streiten, Majestät. Ihr habt keine Chance gegen Euren Sohn. Niemals könntet Ihr ihn töten oder ernsthaft verletzen. Ich spüre die Hoffnung, die immer noch in Euch keimt, dass Rupert zur Vernunft kommt und Herz zeigt. Das wird jedoch nicht geschehen. Ihr riskiert zu viel, nämlich Euer Leben und die Zukunft von Hochbergen. Sollte es dazu kommen, dass Ihr Eure Hände mit dem Blut Eures Sohnes befleckt oder ihn gar bei der Verteidigung unbeabsichtigt tötet, würdet Ihr dies niemals verkraften. Daher – lasst mich diese Bürde tragen. Bitte, Majestät. Ich bitte Euch nicht als Ritter, sondern als Euer Freund«, verlangte der schwarze Ritter inständig.

Der König war sehr angetan von der Bitte und der Besorgnis seines Vertrauten, trotzdem sprach er zu seinem Sohn:

»Wir treffen uns in wenigen Minuten wieder. Du kannst sicher sein, dass ich dir dann entgegentreten werde. Lass uns bitte noch etwas Zeit, um uns zu besprechen.«

Rupert nickte und züngelte:

»Mir ist gleich, wer mein Gegner sein wird. Aber ich muss zugeben, ein besonderes Vergnügen wäre es mir, mich mit dem so ehrenvollen und erfahrenen schwarzen Ritter messen zu dürfen.«

Gefolgt von seinen Männern entfernte er sich.

Die Nachricht verbreitete sich wie ein Lauffeuer. In Scharen strömten die Menschen zum Marktplatz vor dem Schloss. Diejenigen, die sich dieses Schauspiel nicht ansehen wollten, beteten und bangten still in ihren Häusern. Ruperts Truppen standen immer noch in Position vor dem Dorf, während die Soldaten des Königs ebenfalls in ihren Formationen verharrten. Auf dem Marktplatz hatte man bereits alles vorbereitet und den Duellbereich sowie auch die Mauern der umliegenden Bauwerke mit Fackeln beleuchtet. Die Menschen wurden andächtig und still. Die Furcht um ihren König und um ihr eigenes Schicksal, war ihnen deutlich anzusehen.

Rupert hatte sich derweil mit dreißig unbewaffneten Kämpfern eingefunden. Bereitwillig stiegen diese von ihren Pferden und knieten sich in drei Reihen an den Rand des Marktplatzes. Die Soldaten des Königs kreisten sie ein und richteten Bögen und Schwerter auf die Männer. Madeleine und Ortwin wurden zugleich zum Marktplatz geführt. Die junge Frau war außer sich und versuchte verzweifelt, Antworten auf ihre Fragen zu bekommen.

»Was geschieht hier? Wohin werden wir geführt? Wo ist der König? Wo ist Gernod?«

Die Wachmänner schwiegen. Erst als zwei angsteinflößende und im Gesicht bemalte Kämpfer von Rupert die beiden grob in Empfang nahmen, ertönte die leise Stimme eines Wachmannes.

»Der König wird ein Duell gegen seinen Erstgeborenen bestreiten und damit es zu keinem Bruch der Regeln kommt, haben sich beide im Voraus abgesichert. Ihr seid als menschliches Pfand hier und die Männer dort drüben sind im Gegenzug die Sicherheit für den König.«

Madeleine konnte es nicht fassen und starrte auf die knienden Männer. Ortwin schien weder beeindruckt noch überrascht zu sein. Er folgte willig und ließ sich auf einen zum Sitzen vorgesehenen Holzklotz nieder. Madeleine wurde neben ihm platziert. Hinter ihnen standen Ruperts verrohte Gesellen mit gezückten Messern. Suchend hielt sie Ausschau nach Gernod. Plötzlich griff Ortwin nach ihrer Hand und wisperte:

»Ihr werdet doch nicht auf dumme Gedanken kommen? Bleibt einfach hier bei mir sitzen und lasst uns dem Schauspiel beiwohnen. Für mich wird es sicherlich ein Vergnügen werden.«

Er packte sie etwas fester am Handgelenk und zog sie zu sich. Bedrohlich wirkte sein kalter Blick, als er mit dem Finger auf das sich öffnende Schlosstor zeigte. Der schwarze Ritter kam auf seinem Hengst Hamilton durch das Tor geritten. Ein fragendes Raunen ging durch die Menge, denn alle hatten den König erwartet. Im gleichen Moment betrat dieser seinen Balkon und verneigte sich vor seinem Volk. Die Menschen waren unsicher und zögerten mit der Begrüßung ihres Königs. Plötzlich rief ein Mann aus der Menge:

»Es lebe der König! Es lebe der schwarze Ritter!«

Das Volk tobte und stimmte mit ein, um sowohl seinem König als auch Gernod im Angesicht des unbeliebten Königssohnes und Widersachers zu huldigen. Rupert konnte darüber nur gelangweilt grinsen, denn er war sich sicher, dass sich das Blatt bald zu seinen Gunsten wenden würde. Beim Erblicken seines Duellgegners, dem schwarzen Ritter, spiegelte sich in seinen Augen ein freudiger und zugleich entschlossener Ausdruck wider.

Der König rief zur Ruhe und hob die Hand. Niemand sagte ein Wort. Alle starrten ihn in großer Erwartung an, woraufhin der König mit schwerer Stimme zu sprechen begann.

»Viele Herausforderungen im Leben treffen uns unvorbereitet, und das müssen die Bewohner dieses Königreiches gerade am eigenen Leibe erfahren. Die Situation hat sich zugespitzt und mündete im Angriff meines Sohnes gegen dieses Königreich mit all seinen schrecklichen Folgen. Leid, Tod und Trauer wurden über uns alle gebracht. Wir haben gemeinsam schwere Zeiten überstanden und werden auch diese Herausforderung annehmen. Dieser Kampf wird das Schicksal unseres Königreiches bestimmen. Sollten wir uns vor einem neuen Herrscher verbeugen müssen, werden wir es in Würde tun. Unser aller Leben liegt nun in Ritter Gernod von Demians Händen, der die Bürde des Duells für uns trägt. Es fiel mir nicht leicht, die

Verantwortung abzugeben, aber es gibt Gründe für diese Entscheidung. Möge Gott ihm die Kraft geben, für uns zu siegen. Alle unsere Gedanken sind bei Euch, Ritter von Demian. Das Duell möge beginnen!«

Die Luft knisterte vor Anspannung. Auf ihren Rossen trabten die beiden Kämpfer in die Mitte des Duellplatzes und verharrten dort von Angesicht zu Angesicht. Für alle hörbar, sagte Rupert:

»Wieso wusste ich bloß, dass mein Vater ein Feigling ist und Euch an seiner Stelle schicken wird? Ich wünsche Euch Glück, Ritter von Demian. Das werdet Ihr brauchen.«

Unnachgiebig schaute dieser den Erstgeborenen an und nickte ihm dann, entsprechend dem Protokoll, zu. Rupert nickte ebenfalls, allerdings gepaart mit einem erhabenen Lächeln auf den Lippen. Dann ritten die Gegner an ihre jeweiligen Startpositionen.

Sie wurden mit Schild und Schwert bewaffnet. Beide trugen leichte Rüstungen, um im Kampf wendiger zu sein. Die Trommeln erklangen zusammen mit den Fanfaren. Gleich mit dem ersten Ton spurtete Rupert auf seinem Pferd los. Mit seinem Schwert schlug er dabei wahllos mit aller Kraft auf Gernod ein. Dieser parierte gekonnt und wich zurück. Erneut griff Rupert an, aber der schwarze Ritter konnte durch Geschick und Reitkunst den Schlägen immer wieder ausweichen oder diese mit Schwert und Schild abfangen. Der Königssohn wurde wütend und attackierte seinen Gegner immer erbitterter und ohne Unterlass.

Der König, Madeleine und die Menschen auf dem Marktplatz fieberten mit. Einige zuckten zusammen, sobald die Schwerter gnadenlos aufeinandertrafen, oder hielten den Atem an, wenn Gernod den Hieben auswich. Madeleine betete und umschloss dabei mit ihren Händen das Amulett mit dem Gemälde der für sie noch geheimnisvollen Frau. Der kämpfende Königssohn war außer sich. Keiner seiner Schläge hatte Gernod getroffen, geschweige denn ihn niedergestreckt. Hasserfüllt blickte er zu seinem Gegner, der wie eine Statue unbeeindruckt auf seinem schwarzen Hengst saß, um auf die nächste Offensive zu warten. Die Anspannung war unerträglich für Madeleine. Zwischen Hoffen und Bangen wandte sie ihren Blick kurz von Gernod ab, um zum König zu schauen. Auch er verfolgte nervös jede Bewegung des Ritters. Dabei bemerkte er, dass er mehr Angst um seinen Freund zu haben schien als um seinen eigenen Sohn. Dieses Gefühl bereitete ihm eine tiefe Traurigkeit.

Plötzlich und unerwartet drückte der schwarze Ritter seine Schenkel in die Flanken des Rappen. Das Pferd galoppierte aus dem Stand mit kräftigen Sätzen und einer außergewöhnlichen Schnelligkeit auf Rupert zu. Mit einem lauten Aufeinanderschlagen der Schwerter und einem Stoß mit seinem Schild hob Gernod den Königssohn aus dem Sattel. Die Menge jubelte.

Rupert sprang auf und hechtete nach seinem am Boden liegenden Schwert. Sogleich führte er seine Waffe von dort aus gekonnt gegen den Reiter. Wild und erzürnt versuchte er, in blinder Wut das Pferd zu treffen, wohl wissend, damit gegen die Regeln zu verstoßen. Aber selbst dies wollte ihm nicht gelingen. Gernod und Hamilton schienen eine Einheit zu sein. Ihre Bewegungen waren schnell, fließend und überlegt. In einem unachtsamen Moment traf Gernods Klinge das Gesicht des Königssohnes und hinterließ eine klaffende Wunde auf dessen Wange. Der König zuckte erschrocken zusammen. Rupert schleuderte erregt sein Schild gegen Gernod und schlug mit dem Schwert wild umher. Erneut klirrten die Waffen aufeinander und der Kampf behielt eine unerträgliche Härte. Ritter Blaubart stand neben König Zito. Als er von der Nachricht gehört hatte, dass Gernod an Stelle des Königs kämpfen würde, hatte er umgehend seinen Posten verlassen, um seinem Freund beizustehen. Sein Gesichtsausdruck war betrübt, denn er konnte an Gernods Paraden erkennen, dass hier etwas nicht so war, wie es hätte sein sollen. Der schwarze Ritter hätte in kürzester Zeit seinen Gegner zu Fall bringen können und müssen, Chancen hatte er genug dazu gehabt. Ihm schwante Böses. Allem Anschein nach versuchte sein Freund, Rupert lediglich müde zu machen, um ihn schließlich zu überwältigen und dann Gnade walten zu lassen. Dies konnte gefährlich enden. Er hatte geahnt, dass Gernods Freundschaft zum König dazu führen würde, nicht die Schuld an Ruperts Tod tragen zu wollen. In Gedanken ermahnte er Gernod.

»Streckt ihn nieder, macht kein Spiel daraus.«

Rupert geriet währenddessen weiter in Rage und bekriegte seinen Gegner immer unbeherrschter. Aber seine Bewegungen begannen zu ermatten, wurden langsamer und erschöpfter. Wieder traf Gernods Schwert den Königssohn, diesmal am Oberarm. Dieser schlug in seiner Wut auf Hamilton ein und verletzte ihn an der Schulter. Das Pferd scheute und wich zurück. Der Königssohn nutzte diesen Augenblick, um den schwarzen Ritter aus dem Sattel zu zerren. Entsetzen machte sich breit. Gernod konnte sich aus dem Griff befreien und führte das Gefecht am Boden weiter. Während sich beide dabei näher kamen, rief der königstreue Ritter:

»Gib auf, Rupert! Junge, gib auf! Erspare mir und deinem Vater das Leid, dich hier sterben zu sehen.«

»Niemals!«, schrie der Königssohn zurück.

Der schwarze Ritter nahm all seine Kräfte zusammen und drosch auf den schildlosen Gegner ein.

Ortwin zupfte Madeleine am Gewand und flüsterte:

»Schaut, meine Liebe. Der Mond. Und seht Ihr die Wolken? Noch ein paar Sekunden, dann wird der Mond abgedunkelt. Ist es nicht ein wunderschönes Schauspiel der Natur?«

Madeleine bebte innerlich und stierte unfreiwillig in den Himmel. Unverhofft hörte Rupert auf zu kämpfen, senkte sein Schwert und fiel auf die Knie. Erschöpft klagte er:

»Beendet es! Stoßt oder schlagt zu! Ich kann nicht mehr. Ihr habt gewonnen!«

Der schwarze Ritter war irritiert von dieser überraschenden Selbstaufgabe, holte dann aber zum vermeintlich tödlichen Stoß aus. In diesem Moment schrie der König auf:

»Nein, Gernod!«

Reflexartig hielt Gernod inne und drehte seinen Kopf für die Dauer eines Wimpernschlages dem König zu. In diesem Bruchteil der Unaufmerksamkeit verdunkelte sich der Mond und Rupert ließ sein Schwert nach oben schnellen. Gekonnt wehrte der schwarze Ritter es ab und schlug es seinem Gegenüber aus der Hand. Gernod sah, wie die Waffe durch die Luft geschleudert wurde und einige Meter von ihnen entfernt auf dem Boden aufschlug. Dies löste in ihm ein Gefühl von tiefer Erleichterung aus. Doch genau in diesem Augenblick erkannte der Königssohn seine Chance. Er hechtete nach vorn und zog einen Dolch unter seiner Kleidung hervor. Gnadenlos und mit aller Kraft stieß er zu. Die Klinge drang durch den Armausschnitt der Rüstung bis zum Anschlag des Griffes tief in Gernods Brust ein. Madeleine schrie verzweifelt und sprang auf, um zu ihm zu eilen, aber Ortwin hielt sie rüde fest. Der umstehenden Menge und dem König stockte der Atem. Der schwarze Ritter rang nach Luft und fiel auf die Knie. Sein Schwert glitt langsam nach unten, um dann mit einem lauten Klirren aus seiner Hand auf den steinigen Boden zu fallen. Das Scheppern durchschnitt die drückende Stille, die über dem Platz lag.

Gernod starrte in eine beängstigende Leere. Seinen eigenen Tod vor Augen, fürchtete er in diesem Augenblick um Madeleine. Rupert zog die Klinge ruckartig aus Gernods Körper wieder heraus. Dieser ächzte leise und unterdrückte jeglichen Schmerzlaut. Ein Blutschwall ergoss sich aus der Wunde und mündete in einer roten Pfütze unter ihm.

»Ihr seid alt geworden, Ritter von Demian, und zu gutmütig. Mir scheint, dass es keine weise Idee war, Euch für diesen Kampf auszuwählen. Es wird mir ein Vergnügen sein, Euch vor diesem auserwählten Publikum in Stücke zu schlagen. Dafür, dass Ihr mich die letzten Jahre nur mit Eurem edlen Gefasel über Werte, Tugenden sowie Pflichten gequält und gelangweilt habt.«

Ruperts Blick wanderte zum Balkon. Dort sah er seinen schockierten Vater stehen. Lächelnd bückte sich der vermeintlich neue König nach dem Schwert am Boden.

»Dies könnt Ihr nicht zulassen, mein König. Das war Betrug«, rief Ritter Blaubart erzürnt.

Plötzlich konnte man auch aufgeregte Stimmen aus dem umstehenden Volk vernehmen.

»Das war gegen die Regeln, der Kampf ist ungültig!«

»Helft ihm, er wurde betrogen!«

»Ritter von Gernod, so steht doch auf!«

Die Menge erzürnte sich gegen Rupert und beschimpfte ihn aufs Übelste. Mit einem eisigen

Grinsen fuhr dieser mit seinen Fingern an der Klinge des Schwertes entlang, um die Schärfe der Schneide zu überprüfen. Die Soldaten warteten vergeblich auf ein Zeichen ihres Königs, um einzugreifen.

»Wer hätte gedacht, dass es Euer eigenes Schwert sein würde, welches mich für alle Ewigkeit von Euch befreien wird?«, flüsterte der Königssohn dem Ritter zu.

David Blaubart wurde ungehalten. Er schubste den König unwirsch.

»Tut doch etwas, das war gegen die Regeln. Stoppt den Kampf!«

Der schwarze Ritter kniete immer noch schwach und regungslos – wie von unsichtbaren Schnüren gehalten – auf dem Boden. Die Menge tobte und forderte den König zum Eingreifen auf. Doch dieser stand wie in Trance mit geöffnetem Mund auf seinem Balkon, aber kein Laut wollte über seine Lippen kommen.

Ritter Blaubart brüllte herunter:

»Haltet ein! Der Kampf ist ungültig! Ihr habt betrogen und Euch nicht an die Regeln gehalten!«

Der Königssohn holte weit zum Schlag aus.

»Greift ein, Soldaten!«, befahl der Ritter energisch.

Plötzlich ertönte ein schreckliches Getöse aus Wiehern, Schnauben und dem aufgeregten Tänzeln eines großen schwarzen Hengstes. Pferdehufe hallten über den Steinboden, schlugen auf Rupert ein und zwangen ihn zum Zurückweichen. Der scharfe Laut des aufgebrachten Rappen und das Trampeln seiner Hufe verbreiteten sich in unerträglicher Lautstärke über dem Marktplatz. Niemand hatte den herannahenden Reiter bemerkt. In dunklem Umhang, und das Gesicht mit der Kapuze verhüllt, deutete er mit seinem gezogenen Schwert drohend in Ruperts Richtung. Das fahle Mondlicht reflektierte sich in der glänzenden Klinge und schien die Wolken am Himmel mit dem zurückgeworfenen Licht auseinanderzutreiben. Der Königssohn war auf den Rücken gefallen und lag zwischen den Hufen des aufgeregten Rosses. Einige der Tritte hatten ihn an Schulter, Hand und Gesicht getroffen. Der schwarze Ritter begann zu zittern. Schweiß rann seine Schläfen hinab. Er versuchte zu atmen, brach aber mit einem schwerfälligen Ächzen in sich zusammen und blieb gekrümmt auf der Erde liegen. Wie in einem Traum nahm er den Reiter wahr.

Madeleine wurde immer noch von Ortwin festgehalten. Als sie Gernod leblos am Boden liegen sah, streckte sie verzagt ihre Hände nach ihm aus. Ein Raunen ging durch die Menge. Die Soldaten des Königs waren bereit, Ruperts kniende Männer auszulöschen, sollte die Situation weiter entgleisen. So spannten sie ihre Bögen und führten die Schwerter näher an die Schergen heran.

Eine angenehm tiefe Stimme sprach laut und entschlossen zu dem auf der Erde liegenden Königssohn:

»Ihr seid feige und hinterlistig. Wenn Ihr wirklich Mut habt, dann kämpft gegen mich, nicht gegen einen gutmütigen, alten Trottel. Wenn Ihr nur einen Hauch von Ehre im Leib tragt, dann solltet Ihr aufstehen und Euch Eurem neuen Duellgegner stellen. Ich verspreche, ich werde eine Herausforderung für Euch sein. Es ist schon Schmach genug für Euch, dass Ihr nur durch eine unsägliche Hinterlistigkeit diesen Mann zu Fall bringen konntet. Aber dafür werdet Ihr jetzt büßen.«

Aufgebracht und nervös kroch Rupert zwischen den Hufen hervor und baute sich vor der Gestalt auf.

»Was fällt Euch ein? Wer seid Ihr überhaupt?«

»Ich vertrete die Gerechtigkeit, mein Verehrtester, und in diesem Fall Gernod von Demian. Ich werde an seiner Stelle für das Königreich kämpfen, mein junger Freund. Ihr habt Pläne, die mir nicht gefallen, und deshalb …«

In diesem Moment warf der Mann sein Cape ab und gab sein Gesicht zu erkennen. Ein Raunen ging durch die Menge. Es war Sebastian Geradville.

»… solltet Ihr gegen jemanden kämpfen, der Eurer Niedertracht und Feigheit die Stirn zu bieten vermag. Und wie Ihr Euch vielleicht erinnert, hatten wir beide schon einmal das Vergnügen miteinander. Warum also nicht noch ein zweites Mal? Üblicherweise würde Eure Falschheit bei einem Duell mit einer Niederlage geahndet werden. Wenn Euer Gegner durch Eure Niedertracht zu Tode kommt, könnte sogar der Galgen auf Euch warten. Aber das würde Euer Vater nie zulassen. Mir wird es allerdings ein Vergnügen sein, Euch niederzustrecken, und zwar gleich hier.«

Sebastian sah in die Runde der verwunderten Gesichter. Stolz und elegant saß er auf seinem Hengst, der immer noch kraftvoll umhertänzelte.

»Nehmt den Königssohn fest, bis wir ein neues Duell ausrufen, und versorgt seine Wunden!«, rief er ein paar Wachmännern zu, die ohne zu zögern seinem Befehl folgten.

Rupert war derart erstaunt darüber, dass er sich widerstandslos zur Seite führen ließ. Sebastian stieg vom Pferd und lächelte Madeleine dabei kurz an. Sie war hin- und hergerissen von ihren Gefühlen und folgte gebannt seinem Handeln. Ortwin beobachtete den Fremden derweil argwöhnisch. Sebastian eilte zu Gernod. Dr. Firdassen kniete bereits neben dem Verwundeten, um dessen Zustand näher zu begutachten. Gleichzeitig befreiten einige Helfer den schwarzen Ritter aus seiner Lederrüstung. Im selben Augenblick kam der König mit Ritter Blaubart herangelaufen und ließ sich neben seinem Freund auf die Knie fallen. Innerlich zerbrochen, weinte er:

»Oh Gott, Gernod, was habe ich da von Euch verlangt? Vergebt mir, alter Freund.«

»Nie hatte er vor, Euren Sohn zu töten. Nie hätte er Euch das angetan. Habt Ihr Euch das nicht denken können? Ihr hättet ihn nicht ablenken dürfen«, ertönte die Stimme von Sebastian vorwurfsvoll.

Der König senkte schuldbewusst sein Haupt. Madeleine kämpfte derweil gegen Ortwin und die Wachposten. Wild schlug sie um sich, schrie und wollte sich losreißen, doch sie wurde zu Boden gedrückt. Gernod vernahm von weitem Sebastians Stimme und schreckte dadurch auf. Als er dann noch dessen Gesicht direkt vor sich sah, stammelte er:

»Nicht Ihr, nicht jetzt. Wo ist Madeleine?«

»Ich werde Euch helfen, Ritter von Demian. Ich werde diesen unfairen Kampf für Euch zu Ende führen und ihn gewinnen. Für Euch, dieses Königreich und Madeleine.«

Sanft und wenig kämpferisch kamen die Worte über Sebastians Lippen.

»Nein, das werdet Ihr gewiss nicht tun. Wo ist Madeleine? Ich will sie sehen«, stöhnte der schwarze Ritter in seinem Todeskampf.

Sebastians Blick wanderte kurz zu Madeleine, jedoch zog er es vor, sich erst um Gernod zu kümmern, der von Sekunde zu Sekunde schwächer wurde. Der schwarze Ritter schlug Sebastians helfende Hände von sich und versuchte verzweifelt aufzustehen, als man ihn auf eine Bahre legte und festhielt.

»Ihr habt noch nie etwas Gutes im Schilde geführt, noch nie. Seit Ihr hier aufgetaucht seid, liegt dieses Königreich in Trümmern. Bringt nicht noch mehr Unglück über die Menschen, ich bitte Euch …«, ertönte die zittrige Stimme des Verletzten.

Der König wollte schlichtende Worte anfügen, aber der Fremde gab ein klares Zeichen, welches Zito zum Schweigen bewog. Sebastian ergriff Gernods Hand und beugte sich zu ihm.

»Ohne mich werdet Ihr diese Nacht nicht überleben. Ich werde Eure Wunde versorgen. Ich lasse Euch nicht sterben. Es würde Madeleine das Herz brechen.«

Dem schwarzen Ritter stockte bei diesem Namen der Atem. Mit letzter Kraft drohte er:

»Gott wird sie beschützen, egal, was Ihr noch versuchen werdet. Lasst sie also besser in Ruhe. Ihr tut diesem jungen Geschöpf nicht gut. Lasst sie gehen, sonst …«

Gernod hatte Mühe, bei Bewusstsein zu bleiben. Sebastian sah den schwarzen Ritter eindringlich an, während er mit beiden Händen Gernods verzweifelt geballte Faust umfasste. Dr. Firdassen flüsterte, unverständlich für die Umherstehenden, zu Sebastian:

»Lasst ihn in Frieden und regt ihn nicht weiter auf. Er benötigt all seine Kraft. Ihr wisst, wie schlecht es um ihn steht. Die Chance, dass er den morgigen Tag erleben wird, ist denkbar gering.«

Für einen Moment ging der große, dunkelhaarige Mann in sich und rief dann laut:

»Entfernt Euch ein paar Schritte und lasst mich mit ihm allein.«

Unverständnis machte sich bei den Anwesenden breit.

»Tut, was ich Euch sage, und tretet fünf Schritte zurück!«

Alle sahen zu ihrem König, der, auf ein Wunder hoffend, erwartungsvoll zustimmte. Ritter Blaubart packte Sebastian fest an der Schulter und zog ihn zu sich heran.

»Wenn Ihr meinen Freund rettet, habt Ihr etwas gut bei mir. Das schwöre ich! Solltet Ihr ihm allerdings etwas antun mit Eurer Zauberei, bringe ich Euch um. Zu viel Seltsames habe ich über Euch gehört, als dass ich Euch trauen könnte«, ermahnte er ihn.

»Ihr könnt mir vertrauen – versucht es einfach. Euch bleibt nichts anderes übrig.«

Die Untertanen des Königs stellten sich in einen großen Kreis um Gernod und seinen Helfer. Neugierig schauten sie auf das Geschehen, auch wenn sie nichts erkennen konnten. Madeleine ahnte, dass etwas Außergewöhnliches im Gange war, und hoffte, dass Sebastian es schaffen würde, Gernod zu retten. Genau auf die gleiche Weise wie er es damals bei dem jungen Mann im Gasthaus getan hatte. Sie ängstigte sich um ihren Freund, den schwarzen Ritter. Dennoch spürte sie durch Sebastians Anwesenheit Zuversicht. Sebastian kniete sich zu dem halb bewusstlosen schwarzen Ritter und schob seine Hände unter die blutdurchtränkten Stofffetzen auf der Wunde. Gernod bäumte sich plötzlich auf vor Schmerzen und schrie. Er spürte die warmen Finger des teuflischen Mannes auf seinem Körper brennen. Dabei starrten ihn Sebastians blaue Augen kalt an. Gernod ächzte leise:

»Hört auf, mich zu vergiften. Eure Heilkunst ist von bösen Geistern getrieben. Ich flehe Euch an, lasst mich durch Gottes Gnade sterben. Ich verzichte auf Eure dämonische Hilfe.«

Sebastian drückte den von Krämpfen geschüttelten Mann zu Boden und sprach sanft, aber entschlossen: »Niemals! Ich will, dass Ihr lebt. Ich will, dass Ihr niemals mehr in Versuchung geführt werdet, zwischen Ruperts Leben und Eurem entscheiden zu müssen. Und ich will, dass Madeleine und der König an Eurem Tod nicht zugrunde gehen müssen. Und ich will ebenfalls, dass dieses Reich seinen jetzigen König behält. Rupert muss sterben, Gernod von Demian, und das wisst Ihr genauso gut wie ich. Es gibt keinen anderen Ausweg, um Frieden zu schaffen. Seine Seele ist so schwarz und verdorben, dass er niemals aufgeben wird, seinen Vater zu bekämpfen, bis er die Krone sein Eigen nennen kann. Deshalb stelle ich mich diesem Kampf. Im Gegensatz zu Euch bin ich seiner Falschheit gewachsen und frei von irgendwelchen hemmenden Gefühlen. Ihr würdet hier nicht liegen, wenn es anders wäre. Glaubt mir einfach. Vertraut mir – nur einmal. Nur dieses eine Mal, Herr Ritter, werde ich etwas für einen Menschen tun, den ich … sehr schätze. Ich tue es nicht für Euch allein. Ihr seid mir nicht wichtig genug. Aber Ihr seid anderen wichtig, und zwar denen, die Euch lieben, und denen, für die Ihr sogar bereit gewesen seid, Euer Leben zu lassen. Sobald ich meinen Auftrag abgeschlossen habe, werde ich gehen. Behaltet mich nicht in allzu schlechter Erinnerung, denn ich werde gern an die Begegnung mit Euch zurückdenken.«

Dann atmete Sebastian tief durch und fügte traurig hinzu:

»Ich bewundere und beneide Euch, weil ich mich selbst danach sehne, mit so viel Hingabe, Treue und Liebe einem Menschen zu dienen, wie Ihr es tut. Vorbehaltlos und mit einem tiefen Gefühl der Verbundenheit. Dazu bedarf es jedoch eines reinen Herzens und, viel mehr noch, der guten Absicht. Reinigt Euch von Euren letzten Zweifeln und so manchem Wunschdenken. Ihr könnt nicht zwei Herren gleichzeitig dienen, Ritter.«

Mit diesen Worten zog er seine blutigen Hände zu sich und schaute fast anerkennend auf den vor ihm liegenden Mann. Gernod von Demian schien ruhiggestellt. Wie hypnotisiert sah er durch seinen Retter hindurch. Sebastian rief Dr. Firdassen zu:

»Er ist jetzt Euer Patient. Er braucht Ruhe. Wascht die Wunden aus und verbindet sie ordentlich.«

Der Arzt schritt auf den mysteriösen Mann zu und reichte ihm beeindruckt ein Tuch, mit dem er seine Finger reinigen konnte. Er fragte verblüfft:

»Was habt Ihr gerade getan?«

Sebastian wischte sich die Hände sauber und gab Dr. Firdassen das Tuch zurück.

»Ihr wollt es nicht wirklich wissen. Ich bin mir sicher. Wichtig ist nur, dass er überleben wird, und das wird er.«

Der Arzt war erstaunt, zog es aber vor, nicht weiter nachzufragen.

Gernod sank in eine Art Dämmerzustand. Dennoch vernahm er die Stimmen der Umherstehenden und bemerkte, dass er weggetragen wurde. Seine Verletzung schmerzte auf seltsame Weise. In seinem Kopf hallten noch die Worte seines Retters, die ihn tief berührt hatten. Sebastian hob seinen Umhang auf und lief freudestrahlend auf Madeleine zu. Die junge Frau war zwischen der Freude Sebastian zu sehen und der Angst um Gernod hin- und hergerissen. Ortwin und die Wachen hielten sie immer noch fest. Der Königssohn drückte noch stärker zu, als er den unausstehlichen Fremden auf sie zukommen sah. Die Blicke des jungen Königssohnes und Sebastians trafen sich. Ortwin kicherte:

»Ihr könnt mich nicht beeindrucken mit Eurem Zauber und dem so unwiderstehlich hypnotischen Blick. Sie ist *MEINE Geisel* für meinen Bruder. Wenn Ihr auch nur einen Schritt näher kommt …«

Unbeeindruckt fasste Sebastian Madeleines Hand und löste Ortwins harten Griff von ihrem Arm. Die beiden Aufpasser hatten bereits von der jungen Frau abgelassen.

»Ihr seid ein Kind, Ortwin, und Ihr werdet es immer bleiben. Euer Geist ist zu schwach, um etwas zu bewirken, aber voller Hoffnung, die jedoch wahrscheinlich enttäuscht werden wird. Findet zurück zu Eurem kindlichen Wesen und nehmt es an. Versucht, nicht mehr aus Euch zu machen, als Ihr seid. Jetzt wäre der richtige Zeitpunkt dafür. Ihr seid doch gar kein gewalttätiger Rüpel. Befreit Euch endlich vom Geist Eures Bruders«, sprach Sebastian.

Völlig überrascht und für ihn unbegreiflich, sah der Zweitgeborene auf seine Hand. Plötzlich schmerzten seine Finger und liefen blau an. Mit einem lauten Schrei warf er sich zu Boden und brüllte:

»Er hat mir die Finger gebrochen! Meine Finger! Ihr seid ein elender Bastard der Hölle!«

Einige der Wachen und Soldaten eilten dem Königssohn zu Hilfe.

»Ihr hättet sie nur loslassen müssen, Ortwin. Ihr erfahrt gerade nur die Härte, die Ihr anderen aufgebürdet habt«, merkte Sebastian an.

Er spürte, wie sein Herz schneller anfing zu schlagen. Grund dafür waren Madeleines traurige Augen. Er nahm sie liebevoll und beschützend in den Arm und streichelte sanft ihr langes Haar. Dass auch Madeleine seine Umarmung erwiderte und sich an ihn schmiegte, empfand er als eine schwere Last. Madeleine genoss diesen Moment und dachte an all die vorangegangenen Begegnungen mit ihm zurück.

»Gernod wird wieder gesund. So wie auch alles andere sich wieder zum Guten wenden wird. Ich verspreche es Euch, Madeleine, ich verspreche es Euch«, flüsterte er traurig.

»Also bleibt Ihr jetzt hier?«

Erwartungsvoll hob sie ihren Kopf. Er betrachtete sie nun genauer und stellte fest:

»Ihr seid verletzt.«

»Oh ja, ich bin bloß die Treppe heruntergefallen. Ich hatte mich erschrocken und ehe ich mich versah, war es schon passiert. Aber es ist nur halb so schlimm, wie es aussieht«, spielte Madeleine ihre Blessuren herunter.

»Bleibt Ihr jetzt hier – in Hochbergen?«

Er stutzte und fragte energisch nach:

»Erschrocken? Wovor?«

Abermals versuchte Madeleine, den Vorfall herunterzuspielen, und winkte ab.

»Ach, vor einem einfachen Schatten. Es war ein aufregender Tag gewesen, denn Ortwin hatte zuvor eine mysteriöse Gestalt gesehen. Wir fürchteten alle um ihn … da war ich wohl etwas verängstigt und bin gestolpert. Aber ich habe Euch etwas gefragt.«

Sebastians Gesicht nahm einen härteren Ausdruck an.

»Ihr dürft mich weder anlügen noch mir etwas verschweigen. Warum habt Ihr Euch erschrocken? Dass es nur ein Schatten gewesen sein soll, glaube ich Euch nicht.«

»Aber das tut doch nichts zur Sache. Ich bin so froh, dass Ihr wieder zurück seid.«

Sebastian kniete sich vor sie und fiel ihr gereizt ins Wort.

»Wie soll ich Euch beschützen, wenn Ihr mir nicht die Wahrheit sagt?«

Er dachte nach und war sich sicher, dass ihm etwas in seinem Reich entgangen war.

Die Menschen des Königreiches warteten. Ihre Gesichter waren leer. Niemand wusste, was geschehen würde. Ihre Gedanken kreisten um den schwarzen Ritter, aber ihre Augen beobachteten den fremden, großen Mann. Einige kannten ihn aus den Erzählungen anderer, und einige Männer, die öfter das Wirtshaus besuchten, erkannten ihn wieder. Sie tuschelten untereinander und warteten geduldig im Innenhof auf die kommenden Ereignisse. Sebastian drückte Madeleine noch einmal innig an sich. Er streichelte ihre Tränen des Leides und der Freude vorsichtig weg, dabei schenkte er ihr ein kleines, aber ganz besonderes Lächeln. Gerne hätte er sie geküsst, vermied es jedoch. Madeleine verspürte Sehnsucht – Sehnsucht nach mehr als einer Umarmung. Doch sie vernahm sehr wohl Sebastians Zurückhaltung. So ließ sie ihn los und wisperte beschämt:

»Ich habe Euch vermisst und gehofft, dass Ihr wieder zurückkommen würdet. Jetzt seid Ihr wieder da und ich möchte nicht, dass Ihr erneut geht. Bitte, bleibt.«

»Es bricht mir das Herz, wenn ich Euch so vor mir stehen sehe. Ihr habt mich zu einem Wrack meiner selbst gemacht. Eigentlich sollte ich da kein Mitleid für Euch übrighaben«, erwiderte er vorwurfsvoll.

Dann sah er die junge Frau ernst an, die ihm verloren und fragend entgegenblickte. Beinahe unwirsch eröffnete er ihr:

»Ihr werdet mich hassen, Madeleine. Schneller als es Euch und mir lieb ist, werdet Ihr mich hassen. Ich bin nicht der, für den Ihr mich haltet, und ich bin nicht der, den Ihr in mir seht. Ich bin genau das Gegenteil.

Ich wünschte, ich hätte Euch niemals getroffen, dann wäre mein Dasein leichter. Und Eures vielleicht auch – wahrscheinlich sogar. Trotzdem genieße ich jeden Augenblick mit Euch. Ich liebe Euer Lächeln, Eure freundlichen Augen, Euer unbeflecktes Herz, Eure kindliche Art, die Dinge zu sehen, und Eure reine Seele. Aber genau das wird mich in den Wahnsinn treiben, wenn ich mich nicht von Euch löse. Ich bin Euch verfallen wie ein dummer Junge. Wenn sich in diesem Königreich alles wieder zum Guten wenden soll, dann müsst Ihr mich gehen und tun lassen, was die Umstände erfordern. Versteht Ihr, was ich meine?«

Madeleine schüttelte betrübt den Kopf, während Sebastian weitersprach:

»Vergebt mir alles, was ich getan habe. Ich werde alles wieder so richten, dass alles seine Ordnung hat – und dann fortgehen. Wünscht mir Glück für das Duell.«

Er küsste ihre Hände und war im Begriff, sich schweren Herzens wegzudrehen, doch Madeleine hielt ihn fest und krallte die Finger in seinen Umhang.

»Nein! So dürft Ihr nicht gehen. Was haben Eure Worte zu bedeuten? Warum sollte ich Euch hassen? Ihr seid wunderbar und immer zur Stelle, wenn wir Euch brauchen. Ihr habt doch nichts Böses getan. Sebastian, bitte geht nicht fort! Ich möchte noch so viel von Euch lernen, Euch zuhören und …«

Sebastian riss sein Cape zu sich, sodass es Madeleine entglitt. Bevor er sich vollkommen abwenden konnte, gab sie sich einen Ruck, das auszusprechen, was sie sich bisher nicht getraut hatte. Verzweifelt rief sie:

»Ich liebe Euch von ganzem Herzen, Sebastian Geradville!«

Die Worte trafen ihn mitten ins Herz. Er blieb von ihr abgewandt stehen. Wie ein Schwertstoß schmerzte ihn das aufkommende Gefühl der Liebe und nahm ihm die Luft zum Atmen. Jene Empfindung war es doch, jene selbstquälerische Herausforderung, die ihn – im Namen seiner Bestimmung – nie wieder übermannen durfte. Dennoch bahnte sich ein Funken der Freude durch das Dickicht seiner verwirrten Sinne und lief in Form einer Träne über seine Wange. Er spürte die befreiende Kraft der Worte, die Madeleine mutig ausgesprochen hatte.

Sie trat vorsichtig von hinten an ihn heran und legte ihre Hand in seine.

»Was soll ich denn dagegen tun? Sagt es mir! Liebt Ihr mich denn gar nicht? Kein bisschen? Ich verstehe nicht, warum Ihr unbedingt für immer weggehen wollt. Wenn Ihr es mir wenigstens erklären würdet, dann könnte ich es vielleicht irgendwie verstehen. Ich habe schreckliche Angst um Euch, weil Ihr gleich kämpfen werdet. Ihr könnt sicher sein, dass ich für Euch beten werde, damit Gott Euch beschützt und Euch einen Schutzengel schickt. Er hat Euch so viel Kraft und Weitsicht gegeben, dass er Euch jetzt sicher nicht im Stich lassen wird, wenn Ihr für all die Menschen hier kämpft.«

Sebastian konnte Madeleine nicht ansehen und blieb abgekehrt stehen. Er drückte noch einmal ihre Hand ganz fest und murmelte leise:

»Was wirklich in mir vorgeht, muss ein Geheimnis bleiben. Wie soll ich Euch erklären, was nicht sein darf? Vergebt mir, wenn Eure Augen endlich sehen werden, wer ich wirklich bin.«

Resigniert ließ sie seine Hand aus ihrer gleiten.

»Auch, wenn ich Euch jetzt loslasse, werde ich mit meinem Herzen immer bei Euch sein.«

Völlig unverhofft drehte er sich um, nahm Madeleines Gesicht in seine Hände und küsste sie hingebungsvoll auf den Mund.

Ortwin maulte angeekelt:

»Igitt, ein Teufelsk…«

Der Schlag eines Wachmannes hämmerte auf seinen Kopf, bevor er seinen Satz zu Ende sprechen konnte. Die junge Frau wusste nicht, wie ihr geschah. Ehe sie reagieren konnte, schritt er, ohne sich noch einmal umzudrehen, auf seinen Hengst zu, wischte mit dem Ärmel über sein Gesicht und saß auf. Ruperts Männer zerrten Madeleine auf ihren Platz zurück. Aus ihren großen braunen Augen, die Sebastian folgten, sprach reines Unverständnis.

4

Die Entscheidung

Nachdenklich saß Sebastian auf seinem Pferd. Um ihn herum wurden die Vorbereitungen für die Fortsetzung des Duells getroffen. Er konnte seinen Körper und seine Gedanken nicht zusammenbringen. Ein Teil von ihm war Usgalman, der andere Sebastian Geradville. Er spürte Gefühle, die Sebastians Herzen entflossen und das Ansinnen von Usgalman nicht fortführen wollten. Aber er war Usgalman. Und so sehr er weiterführen wollte, was als Höllengeschöpf sein Auftrag war, wehrte sich etwas in ihm, dies zu tun. Er spürte, wie er sich in der Gestalt des Sebastians verlor, während der Geist von Usgalman schwächer wurde. Auch dagegen wehrte er sich. Er wollte Usgalman nicht sterben lassen. Im Gedränge der Menschen erspähte er plötzlich Arfalla. Erhaben stand sie da. Ihr durchdringender Blick haftete an ihm. Er versuchte, es zu ignorieren, doch ihre Augen bohrten sich unaufhörlich in sein Bewusstsein. Er rieb sich mit den Händen über das Gesicht, um sich aus ihrem Bann zu befreien und bessere Konzentration zu erlangen. Doch wie erwartet, vernahm er ihre Stimme in seinem Kopf.

»Warum seid Ihr hier? Wieso macht Ihr das? Ihr habt Euch mir verweigert, aber ich ahnte, wo ich Euch finden würde, Meister. Ihr seid hoffentlich innerlich stark genug, um zu wissen, wo Ihr hingehört. Eure Verliebtheit macht Euch blind, wankelmütig und verletzlich. Das ist gefährlich. Sebastian Geradville ist nicht Usgalman. Diesem könnte ich mich nicht aufzwingen, wenn er sich nicht mit mir über diese tiefe Verbundenheit der Gedanken unterhalten wollte.«

Sebastian versuchte, die Stimme nicht zu beachten, und schloss die Augen. Die Oberhexe war durch ihre Entschlossenheit mächtiger geworden, mächtig genug, um sich nicht aus seinen Gedanken vertreiben zu lassen. So drangen ihre Worte weiter zu ihm durch.

»Ihr wollt etwas gutmachen, Meister. Aber dazu müsst Ihr stark und überlegen sein. Gebt mir ein Zeichen, dass Ihr stark und entschlossen genug seid, um zu uns zurückzukehren. Ich muss das wissen, sonst werde ich Euch nicht kämpfen lassen.«

Die Worte prallten an Sebastian ab. Er streichelte seinen Hengst und rückte sein Cape zurecht. Erwartungsvoll betrachtete Arfalla ihn, doch es kam keine Reaktion. Erneut versuchte sie, auf ihn einzureden.

»Ich kann Euren Gedanken nicht folgen. Was ist Euer Begehr? Wollt Ihr Euch den Abschied von ihr erleichtern, indem Ihr ihr gleich vor Augen führt, was oder wer Ihr wirklich seid? Wollt Ihr, dass sie Euch hasst? Das wird nicht funktionieren. Oder …«

Arfalla erschrak vor ihrer plötzlich aufkommenden Ahnung und führte sie für Sebastian hörbar aus.

»… Ihr spielt mit dem Gedanken, Rupert niederzustrecken und dabei selbst einen heldenhaften, spektakulären Tod zu sterben! Ist es so?«

Sebastian schaute sie in diesem Moment eindringlich an. Sie hörte den Meister denken.

»Was stört dich an dieser, ich gebe zu, nicht uninteressanten Variante, liebe Arfalla? Rupert wäre ausgeschaltet, das Königreich in Schutt und Asche gelegt und die Menschen voller Verzweiflung und Angst. Genug Nährboden für Zwietracht und Missgunst wäre gesät. Ich hätte meine Fehler wiedergutgemacht. Mehr könnte ich für diese Menschen hier und für das Höllenreich nicht tun. Madeleine wäre zwar unglücklich, aber es wäre für sie leichter zu ertragen als alles andere, und ein neuer Meister würde schnell folgen. Keine schwache, wankelmütige Kreatur, die von den eigenen Gespielinnen zerrissen wird …«

Die Oberhexe fiel wie ein Wirbelsturm in seine Gedanken ein.

»Das dürft Ihr nicht tun! Das Reich würde in Trauer und Krieg untergehen. Ihr hättet nichts gewonnen, sondern lediglich Euren Einfluss auf die Weltgeschichte verloren. Alles würdet Ihr aufgeben: Euch selbst, uns, Madeleine. Wie ein Feigling würdet Ihr Euch davonstehlen, um Euch dann in ein Nichts aufzulösen. Diese Lösung ist Eurer nicht würdig. Was, wenn der neue Meister das Königreich erneut verführen ließe? Madeleine

würde durch die unerfüllte Liebe zu Euch und die Trauer um Euren selbstlosen Tod noch stärker werden und zu einer gefährlichen Herausforderung wachsen. Was wäre dann? Das Höllenreich würde niemals vor ihr haltmachen. Ihr jedoch könntet sie nicht mehr schützen, nichts mehr könntet Ihr steuern. Sie wäre den Angriffen der Mächte der Finsternis schutzlos ausgeliefert und hätte dabei, trotz ihrer Stärke, eine sehr verwundbare Stelle: Die Narbe auf ihrem Herzen, die Ihr ihr zugefügt hättet. Kommt zu Euch, Meister! Ihr seid zu viel Sebastian Geradville, als dass Ihr den Kampf überhaupt steuern könntet. Erinnert Euch an Usgalman, den Herrscher der Unterwelt, eines der schrecklichsten Höllengeschöpfe. Wenn Ihr Euch nicht entscheidet, kommt es vielleicht zu einem Ende, von dem niemand etwas haben wird. Alles, was Ihr geplant hättet, wäre umsonst gewesen.«

Sebastian schloss die Augen und versuchte erneut, sich zu konzentrieren. Wieder vernahm er ihren Appell.

»Unsere Ordnung ist zerstört. Ihr erledigt alles nur noch halbherzig. Kommt zurück. Erinnert Euch daran, wer Ihr seid – und an Eure Bedeutung für das Weltgeschehen. Es geht nicht nur um Hochbergen. Wollt Ihr wirklich alles aufgeben Meister? Einem anderen Wesen Euren Thron überlassen? Egal, wie Ihr Euch entscheidet, Ihr werdet in dieser Situation immer etwas verlieren und etwas zurückgewinnen. Der größte Gewinn für alle wird sein, wenn Ihr Euch für das Höllenreich entscheidet. Bitte, tut es für Euch, für Madeleine, dieses Königreich und für …«

»Was betrübt dich wirklich, Arfalla?«, hörte die Oberhexe ihn denken.

Dabei hatte er ein leichtes Lächeln auf den Lippen.

»Ihr seid fasziniert von etwas, das Ihr bisher noch nicht gekannt habt. Es ist ein Gefühl, doch dieses Gefühl wird Euch schon bald langweilen. Wenn Ihr hier den Tod finden solltet, wird Eure wahre Erscheinung in dem Moment zutage treten, wenn Ihr den letzten Atemzug macht. Madeleine wäre entsetzt und Euer Ansehen als Sebastian Geradville beschmutzt. Denkt darüber nach, Meister«, versuchte die Oberhexe, der Frage auszuweichen.

»Eine Antwort!«, forderte ihr Meister erneut.

Die Hexe des Zorns schwieg.

»Arfalla, gib mir eine ehrliche Antwort, bevor ich in dieses Duell ziehe, bei dem der Ausgang, wie du selbst sagst, ungewiss ist. Du bist die einzige meiner Gespielinnen, die hier ist und für meine Rückkehr kämpft. Weshalb?«

Er spürte, wie seine Vertraute gegen etwas ankämpfte. Er öffnete die Augen und sah sie befehlend an.

»Tut es für mich, weil ich Euch vermisse«, vernahm er leise.

Dann wurden ihre Gedanken wieder energischer.

»Ich will Euch nicht sterben sehen, nicht heute und auch nicht zu einem anderen Zeitpunkt. Ich könnte es nicht ertragen. Nicht wegen eines so unwichtigen Grundes wie einem Menschengeschöpf. Ich möchte, dass unsere Ordnung genauso wiederhergestellt wird,

wie sie war, bevor Madeleine in unser aller Leben trat.«

»Habt Ihr so wenig Vertrauen in mich und mein Handeln?«, versuchte er auf die Sorge einzugehen, doch die Oberhexe war plötzlich verschwunden.

Sebastian rang innerlich mit sich. Arfallas Worte machten alles noch schlimmer. Sein Wille war stark genug, diese Angelegenheit auf seine geplante Weise zu beenden, da war er sich sicher gewesen. Und doch war da ein leises Gefühl, das seine Gedanken zum Rasen brachte. Die Sehnsucht nach bedingungsloser Liebe hatte sein kaltes Herz erweichen lassen. Er erinnerte sich an den letzten Kuss, den er noch auf seinen Lippen spürte. Allerdings hatte ihn diesmal keine Gefühlsregung zu Fall gebracht. Arfalla hatte recht. Madeleine wäre schutzlos ohne ihn. Aber wie lange könnte er ein doppeltes Spiel im Höllenreich weitertreiben? Er hatte verdrängt, was jetzt sein wunder Punkt werden könnte. Er ließ seine Gedanken schweifen. Umso mehr schreckte er hoch, als ein Knappe unverhofft an seinem Sattel zupfte.

»Herr, das Duell kann beginnen. Seid Ihr bereit?«

Sebastian nickte und warf den langen Umhang von sich. Er trug keine Rüstung, sondern war elegant und in feinstem dunklem Stoff gekleidet. Die Menschen starrten erneut voller Hoffnung auf die beiden Kämpfer. Einige der Wachen zündeten neue Fackeln an. Durch die Flammen und tanzenden Schatten wirkte der Schauplatz gespenstisch. Dennoch spendeten die

Fackeln auch wohltuende Wärme in dieser schicksalhaften, kalten Nacht.

Rupert schien beeindruckt von dem mysteriösen Mann zu sein und sah ihn sich genau an. Als Sebastian ihm direkt in die Augen blickte, schreckte Rupert unsicher zusammen. Die Reiter hatten sich beide in Position gestellt und erneut wurde das Schwert als Waffe gewählt. Ortwin hielt noch immer jammernd seine verletzte Hand, als endlich der König auf dem Balkon erschien. Ohne Worte nickte er seinem Volk und den beiden Widersachern zu. Die Menge schwieg, berührt von ihrem Mitgefühl dem König gegenüber, aber auch aus Angst, was Hochbergens Zukunft betraf. Erneut ertönten Trommeln und Fanfaren. Jedoch setzte sich keiner der Reiter in Bewegung. Rupert war von dem fesselnden Blick des eleganten Mannes wie gefangen. Er schreckte auf, als dessen Stimme erklang.

»Ich lasse Euch den Vortritt, Rupert von Buchenbrück. Verlierer dürfen immer anfangen. Es soll ja angeblich deren Chance erhöhen. Ich persönlich halte dies allerdings in Eurem Fall für ein Gerücht. Gebt auf und Ihr könnt Euch die Schmach ersparen, vor den Augen Eures Vaters jämmerlich zu sterben. Ich mache es kurz und schmerzlos, wenn Ihr es wünscht.«

Rupert verspürte unerwartet Angst, aber mutig antwortete er:

»Niemals werde ich das tun. Dieses Königreich ist mein, und zwar ab sofort. Von Euch lasse ich es mir gewiss nicht nehmen.«

Sebastian murmelte mit diabolischer Freude:

»Ich hatte gehofft, Euch das sagen zu hören.«

Die Kämpfer ließen gleichzeitig ihre Pferde aufsteigen und galoppierten aufeinander zu. Der Fremde löste keinen Moment lang den Blick von Ruperts Augen. Kühl und furchtlos saß er im Sattel, während Rupert der Angstschweiß an den Schläfen herunterlief. Mit einem gekonnten, schnellen Hieb schlug Sebastian Ruperts Schwert aus dessen Hand und fing es mit seiner Linken im Vorbeireiten auf. Ein Raunen ging durch die Menge. Rupert schien jegliche Selbstsicherheit zu verlieren und sah erschrocken zu seinem Gegner. Der Fremde mit den glänzenden schwarzen Haaren machte sich einen Scherz daraus und ulkte:

»Ist das Euer Schwert? Wollt Ihr es wiederhaben? Hier habt Ihr es!«

Er warf das edle Metall Rupert entgegen, der es mit zittriger Hand auffing. Das Herz des Königssohnes schlug schnell und aufgeregt. Diesmal wartete der Fremde mit den stahlblauen Augen nicht, sondern trieb seinen Hengst sofort an. Rupert tat es ihm nach, doch bevor er sich versah, hatte Sebastian ihm das Schwert erneut aus der Hand geschlagen und ihn mit einem Fußtritt aus dem Sattel gestoßen. Mit einem kurzen Stöhnen fiel er zu Boden und prallte auf den Rücken. Sebastian ließ seinen Rappen vor Rupert steigen, um dann dessen Hufe auf den am Boden Liegenden einschlagen zu lassen. Schwer an Kopf und Oberkörper getroffen, schrie Rupert auf. Schützend legte er die Arme über seinen

Kopf. Sebastian ließ vom Königssohn ab und wartete, bis dieser wieder aufgestanden war.

»Hebt ruhig Euer Schwert und das Schild auf, wenn Ihr meint, dass es Euch helfen wird. Ich möchte nicht, dass es heißt, ich hätte gegen einen Wehrlosen gewonnen.«

Der Königssohn fasste nach dem Schwert und taumelte seinem Gegner entgegen. Abermals galoppierte Sebastian mit ernster und entschlossener Miene los und holte zum Stoß aus. Entsetzen machte sich bei den Zuschauern breit. Auch der König hielt den Atem an. Sein Sohn wankte zunächst, blieb jedoch dann wie angewurzelt stehen, als er die Schwertspitze auf sich zurasen sah. Aber Sebastian zog sein Schwert kurz vor Ruperts Kehle hoch, ließ die Klinge über dessen Kopf hinwegsausen, drehte den Griff geübt in seiner Hand und stieß ihm die Waffe in den Rücken.

Der König nahm entsetzt die Hände vor sein Gesicht, während sich seine Untertanen zu einem ungeahnten Jubel hinreißen ließen. Rupert fiel mit einem Röcheln vornüber und sank in die Knie. Die Klinge steckte fest zwischen seinen Schulterblättern. Zitternd versuchte er, sich hochzustemmen, aber er hatte nicht ausreichend Kraft und fiel zurück auf den Boden. Überheblich ertönte die Stimme des überlegenen Kämpfers, der sein Ross siegesbewusst hin und her tänzeln ließ.

»Wie fühlt es sich an, eine Schwertspitze auf sich zukommen zu sehen? Ich erinnere mich an eine Begebenheit, da war es Euer Schwert, das Ritter von Demian fast umgebracht hätte. Und es war Euer Dolch, mit dem Ihr hinterrücks auf ihn eingestochen habt. Sagt mir, wie fühlt sich das an?«

Ortwin fing an zu kreischen, schlug wie wahnsinnig geworden um sich und wollte zu seinem Bruder eilen, aber die Schergen von Rupert hielten ihn fest. Madeleine war einerseits bestürzt über die Erhabenheit und den Hochmut, mit dem Sebastian den Unterlegenen ansprach. Andererseits konnte sie dem Gesagten nichts entgegenhalten, denn der Erstgeborene erntete, was er gesät hatte.

Sebastian stieg von seinem Pferd. Herablassend musterte er den umherkriechenden Rupert, während er langsam auf ihn zulief. Dann zog er mit einem Ruck die Waffe aus dessen Körper. Der Königssohn schrie auf.

»Keine Gnade. Das waren Eure Worte!«, ließ Sebastian verlauten.

Wieder jubelte die Menge.

Der Königssohn kämpfte gegen einen aufkommenden Schwindel an. Dennoch versuchte er, sich abermals vom Boden aufzurichten. Das Atmen fiel ihm merklich schwer und seine Arme wurden taub. So schaffte er es nur auf allen vieren und gebeugt, eine kniende Position zu halten. Er spürte, wie das Leben ihn langsam verließ. Die tobende Menschenmenge und den Jubel über seinen Niedergang nahm er nur noch von weitem wahr. Er hob zornig seinen Kopf. Jeder Atemzug brannte in seiner Lunge, doch so schnell wollte er nicht aufgeben. Sebastian stand nun dicht vor ihm. Rupert griff nach dem Fremden und zog sich an ihm hoch, um ihm noch einmal in die Augen zu sehen. Dabei stöhnte er:

»Ich weiß nicht, woher Ihr kommt. Sicher ist: Ihr werdet in diesem Königreich kein Glück finden – das prophezeie ich Euch. Ihr überschätzt Euch selbst gnadenlos ...«

Im Mondschein blitzte für den Hauch einer Sekunde der Griff eines Dolches unter Sebastians Gewand auf. Diese Chance konnte Rupert sich nicht entgehen lassen und riss die Waffe heraus, um damit zuzustechen. Blitzschnell umfasste der mysteriöse Fremde Ruperts Hand, lenkte die Waffe emotionslos gegen den Königssohn und rammte sie ihm in den Unterleib. Die Menge tobte erneut. Kein Laut kam mehr über seine Lippen. Sein verschwommener Blick wanderte in Richtung der jubelnden Menschen.

»Wer hätte gedacht, dass es Euer eigener Dolch sein würde, der uns für alle Ewigkeit von Euch befreien wird? Ähnlich waren Eure Worte zu Gernod von Demian. Welche Ironie des Schicksals, meint Ihr nicht?«, hörte er seinen Gegner flüstern.

Auf einmal verstummten die Zuschauer. Der Fremde hatte eine unnahbare und beängstigende Ausstrahlung bekommen. Unbarmherzig und selbstgefällig stand er da, während ihm Ruperts Blut über den Handrücken lief. Mit einem unterdrückten Schrei krallte sich der Königssohn an Sebastian fest und sank sogleich widerwillig nach unten. Geringschätzig hob Sebastian mit zwei Fingern Ruperts Kopf am Kinn an, um ihre Blicke ein letztes Mal aufeinandertreffen zu lassen. Kälte und Erbarmungslosigkeit in Sebastians Augen bannten den Königssohn. Ihn durchfuhr die schreckliche Erkenntnis, einen Kampf gegen jemand begonnen zu haben, den er nie hätte gewinnen können. Jetzt, in diesem Moment, wurde ihm bewusst, wem er in die Augen sah. Leise vernahm er noch einmal die Stimme seines Widersachers.

»Wir sehen uns wieder, mein Freund, in meinem Höllenreich, denn Eure Niedertracht gefällt mir.«

Dann stieß er den Verlierer abfällig von sich und ließ ihn zu Boden fallen. Sebastian schwang das blutige Schwert in Siegerposition über seinem Kopf. Er schaute umher und lächelte zufrieden. Dann rief er der geschockten Menge zu:

»Ist es nicht das, was Ihr gewollt habt? Ist es nicht Euer Wunsch gewesen, Euch von diesem Tyrannen zu befreien? Seht diesen Dolch! Wieder hat er ihn hinterrücks gezückt. Es war seine Waffe – der Dolch – die Ritter von Demian fast das Leben gekostet hätte. Ihn hat das ereilt, was er anderen bereit war anzutun.«

Die Untertanen blickten betroffen zu ihrem König auf den Balkon oder senkten beschämt ihr Haupt, sobald Sebastians Blick sie traf. Zito der IV. stand niedergeschlagen und einsam inmitten seiner Gefolgschaft. Er schaute verloren auf den Körper seines Sohnes, der in einer immer größer werdenden Blutlache lag. Kaum hörbar, rief der Vater im König fassungslos:

»Mein Kind, oh Gott, mein Kind.«

Aus Ruperts Körper wollte das Leben jedoch so einfach nicht weichen. Wütend über sein Versagen hob er zitternd die Hand und bewegte leicht seinen Kopf, um nach seinem Schwert zu suchen.

»Ihr seid ein Bastard der Hölle, ein elender …«, stammelte er mit letzter Kraft.

Sebastian wandte sich wieder seinem Gegner zu, über dessen Lebenswillen er sehr erstaunt war. Im gleichen Moment hastete Gernod von Demian zum König auf den Balkon. Zito bemerkte ihn zunächst gar nicht. Erst als dessen kräftige, sanfte Stimme über den Marktplatz ertönte, nahm er ihn wahr.

»In Gottes Namen, Sebastian von Geradville, beendet dieses Drama! Ich bitte Euch inständig, auch im Namen des Königs. Ihr habt gewonnen und das Königreich gerettet. Dafür sind wir dankbar, aber entweder beendet es schnell oder rettet ihn – so wie Ihr mich gerettet habt.«

Flehentlich war der Blick des schwarzen Ritters, dessen Verband unter seinem halb geöffneten und blutgetränkten Hemd zu sehen war. Der linke Arm war in eine einfach gebundene Schlinge eingelegt. Niemand machte sich in dieser angespannten Situation Gedanken darüber, wie der schwarze Ritter, trotz der gefährlichen Wunde, so schnell wieder zu Kräften gelangt war – abgesehen von Sebastian. Er lächelte mit einer freudigen Erleichterung und tiefen Bewunderung, als er in das Gesicht seines Erzfeindes sah. Schnell aber kehrte die Arroganz in die Erscheinung des Siegers zurück. Er zog den Dolch aus Ruperts Körper heraus und warf ihn auf den Boden. Dabei hob er sein Schwert triumphierend in die Höhe.

»Keine Gnade hat Euer Sohn gefordert – für niemanden. Denkt immer daran, es hätte auch Ritter von Demian sein können, der hier nun liegen würde, oder gar Ihr selbst. Und Ihr könnt sicher sein, dass Euer Sohn jetzt nur das erntet, was er gesät hat!«, schrie Sebastian dem König entgegen und stieß die Schwertklinge direkt in Ruperts Herz.

Still ward es. Nur ein leichter Wind sowie das Knistern der Feuer und Fackeln waren zu hören. Niemand wusste, was er sagen oder tun sollte. Niemand applaudierte oder jubelte. Alle schwiegen betroffen. Erstarrt waren die Gesichter von Gernod und seiner Majestät. Zito stand auf dem Balkon wie in Trance. Er spürte nichts. Die Trauer lähmte ihn und zu sehr war sein Verstand von Sebastians Worten getroffen worden. Selbst die königlichen Wachen waren verunsichert und ließen die Geiseln langsam aufstehen. Das Drama schien vorüber zu sein. Der König griff suchend nach Halt. Der Boden unter seinen Füßen wankte und ihm schienen die Sinne zu schwinden. So stützte er sich am Arm seines ersten Ritters ab. Dann sah Zito zu diesem auf, nickte und sprach:

»So, wie es jetzt geschehen ist, ist es gut. Ich hätte es noch weniger ertragen können, Euch dort liegen zu sehen, Gernod.«

Der Monarch blickte in die erwartungsvollen und mitfühlenden Gesichter seiner Untertanen und nickte, wie es das Protokoll verlangte, allen zu, bevor er sich in seine Gemächer begab. Als Gernod folgen wollte, hob er ablehnend die Hand und hangelte sich kraftlos mit gesenktem Haupt an der Wand und den Möbeln entlang. Er wollte allein sein. Das Duell war offiziell beendet.

Ortwin saß nun in sich gekauert auf der Erde. Beim Anblick seines Bruders verspürte er eine große innere Leere. Plötzlich sprang er auf. Seine Fäuste flogen impulsiv umher, sodass die Wachen ihm nur ausweichen konnten, statt ihn zu halten. Laut jammernd, schluchzend und weinend tappte er ziellos auf und ab. Ohne jeden Zweifel hatte dieser junge Mann seinen Verstand verloren; daher ließen die Menschen ihn einfach gewähren. Er wippte hilflos von einem Bein auf das andere, verkeilte krampfend seine Finger ineinander und näherte sich Stück für Stück seinem Bruder. Er hockte sich vor ihn, schloss ihm die Augen und griff wutentbrannt einige am Boden im Blut liegende kleine Steinchen, die er Sebastian entgegenwarf. Dann rannte der Zweitgeborene davon. Niemand folgte dem Irren, und so verschwand er in der Menschenmenge.

Madeleine war wie gelähmt und blickte ebenfalls irritiert auf den getöteten Rupert. Als sie aufstand, hielt niemand sie mehr fest. Verwirrt und ziellos standen Ruperts Söldner umher. Ebenso schienen die Soldaten des Königs ratlos zu sein. Vereinzelt verließen die Menschen langsam und andächtig den Marktplatz. Die Unruhen, das Leid und die vielen Unglücke der letzten Zeit hatten ihre Spuren hinterlassen; dennoch war jetzt durch Ruperts Tod ein deutliches – wenn auch trauriges – Zeichen für einen Neuanfang gesetzt worden. Einige der Menschen liefen an Rupert vorbei, um ihn aus nächster Nähe zu betrachten. Die Mehrheit sah ihn hasserfüllt an und nur einzelne Personen schienen seinen Tod aus Respekt dem König gegenüber zu betrauern. Niemand bemerkte, dass sich der große Fremde unauffällig aus dem Mittelpunkt des Geschehens zurückzog. Er ritt leise auf seinem Pferd an den Bürgern von Hochbergen vorbei. Hier und da wurde sich hochachtungsvoll und dankbar vor ihm verneigt. Es gab jedoch auch Bürger, die ihn eher skeptisch und furchtsam beim Verlassen des Marktplatzes beäugten.

Verzweifelt schob sich Madeleine durch die Menschenmenge, die langsam wieder lebendig zu werden schien. Kurz vor der großen Pforte der Schlossmauern erblickte sie ihren mysteriösen Freund auf dem schwarzen Hengst. Laut rufend, lief sie ihm hinterher. Sebastian stoppte.

»Wo wollt Ihr denn so schnell hin? Und warum verabschiedet Ihr Euch nicht? Die Ereignisse haben sich überschlagen. Ihr habt das Königreich befreit und gerettet«, sprach sie völlig außer Atem und lehnte sich ungestüm an die Schulter des Pferdes.

Sebastian starrte sie kalt und unerbittlich an. Madeleine lächelte kurz, fühlte sich dann aber von seinem Verhalten eingeschüchtert. Sein gefühlloser Blick flößte ihr Angst ein. Die sonst so angenehme Stimme von Sebastian klang plötzlich hart und belehrend.

»Madeleine, was Ihr Euch wünscht, wird nie in Erfüllung gehen. Niemals! Findet Euch damit ab. Geht zurück in Euer Kloster oder werdet hier glücklich. Aber es ist besser, wenn wir uns die Freiheit geben, die wir benötigen, um unsere Bestimmungen zu erfüllen. Ich bin ein Advokat des Teufels, nie und nimmer könnte eine so reine Seele – wie die Eure – sich mit mir in irgendeiner Weise zusammentun. Lasst uns dieses kleine Geheimnis der Vergangenheit, das uns verbindet, wahren und ehren. Nehmt es in Euer Herz auf und zehrt von dieser Erinnerung. Eure Liebe zur mir macht Euch immer noch blind für das, was ich bin. Ihr würdet Euch mir zuliebe niemals ändern. Und ich mich ebenso wenig für Euch.«

Er sah sie für einen kurzen Moment gütig an und ergänzte:

»Außerdem würde ich sehr betrübt sein, wenn Ihr es tätet. Ich habe versprochen, auf Euch aufzupassen. Das ist alles, was ich Euch versprechen kann.«

Mit diesen Worten trat er in die Flanken seines Rosses und war im Begriff davonzureiten. Madeleine aber griff ihm in die Zügel und hielt diese fest. Verärgert antwortete sie:

»Wieso wissen immer alle, was gut für mich ist? Warum lässt mich das niemand selbst entscheiden? Was ist so schrecklich an Euch, dass ich es nicht ertragen könnte? Was? Ihr habt bisher nichts Schlechtes getan. Ihr habt all das getan und gerichtet, wozu andere, aus unterschiedlichen Gründen, nicht den Mut hatten. Jeder Mensch hat eine Daseinsberechtigung und bekommt, wenn er nur will, auch eine neue Chance vom Leben. Welche Sünde habt Ihr begangen, die nicht wiedergutzumachen ist? Welche? Mit Eurer ewigen Geheimnistuerei macht Ihr es mir so schwer, Euer Verhalten zu begreifen.«

Sebastian lachte laut auf. Er beugte sich zu ihr und flüsterte ihr ins Ohr:

»Ich habe mich verliebt. Das ist eine Todsünde für mich. Und ich bin unsterblich. Meine Sünde ist für Euch ein Gottesgebot. Alles, was so liebe- und hoffnungsvoll aus Eurem Mund klingt, ist für mich ein Traum und trifft auf mich nicht zu.«

Er beugte sich nach unten, packte Madeleine aus heiterem Himmel am Schopf und riss sie grob zu sich, um ihr einen nassen, lieblosen Kuss auf den Mund zu drücken. Sie stieß ihn angewidert und verstört von sich. Mit einem lauten Schrei ließ er sein Pferd steigen und fegte rücksichtslos durch die Menge davon. Madeleine wischte sich mit dem Ärmel über ihre Lippen. Eine schwere Traurigkeit machte sich erneut in ihrem Herzen breit, doch bevor sie ihre Gedanken sortieren konnte, schnellten Pfeile durch die Luft. Die Menschen gingen in Deckung, schrien auf, liefen aufgebracht durcheinander und suchten nach Schutz. Ein Soldat kam von draußen angerannt und brüllte:

»Die Teufel greifen wieder an! Macht Euch bereit!«

In diesem Moment brach er, von einem Pfeil getroffen, am Torbogen zusammen. Von weitem hörte man die Kampfschreie von Männern. Madeleine wollte zu dem verletzten Mann eilen, doch sie geriet mitten in eine Menschenmenge, die sie unkontrolliert nach allen Seiten schob. Ein fürchterlicher Kampf entbrannte. Die noch eben friedlichen und besiegten Söldner von Rupert schlugen auf einmal die Wachen nieder. Die Pforten wurden hastig geschlossen, um die von draußen hereinströmenden Eindringlinge fernzuhalten. Ein völliges Chaos entbrach.

Madeleine versuchte, sich durch die aufgebrachte Menge in Sicherheit zu bringen. Sie drängelte sich Stück für Stück aus der Enge. Zwei kämpfende Männer standen ihr auf einmal gegenüber. Einer von ihnen packte sie und nutzte sie als Schutzschild gegen seinen Angreifer. Sie versuchte, sich aus dem Griff zu lösen, kam aber gegen die Kraft des groben Söldners aus Ruperts Trupp nicht an. Immer wieder geriet sie zwischen deren Hände, wenn der eine sie zog und der andere sie wegstoßen wollte. Unverhofft wurde sie zu Boden gerissen. Im Getümmel hatte jemand den Söldner von hinten erstochen. Als dieser zu Boden ging, riss er sie mit sich und fiel direkt über sie. Panisch zog sie sich unter dem schweren Körper hervor. Die vielen Beine versperrten ihr den Weg oder drohten, auf sie zu trampeln. Schützend nahm sie deshalb ihre Arme über den Kopf. Der Anblick und die Schreie der sterbenden Männer schockierten und berührten sie zutiefst. Sie konnte es nicht mehr ertragen: Das Blut, das gequälte, verzweifelte Stöhnen, die gellenden Schreie und die geschundenen Körper. Madeleine erblickte einen königlichen Soldaten, der schwer verletzt neben ihr lag. Sie kroch näher und kniete sich hin, um seinen Kopf sanft auf ihren Schoß zu betten. Die blutende Wunde am Kopf bedeckte sie mit einem herausgerissenen Fetzen von ihrem Gewand. Er ergriff angsterfüllt ihre Hand und rang nach Atem. Madeleine streichelte ihn an der Schulter und flehte:

»Nicht aufgeben, nicht aufgeben! Alles wird wieder gut. Durchhalten!«

Sie drückte verzweifelt seine Hand, als wenn sie in diesem Augenblick damit sein Fortgleiten in eine andere Welt verhindern würde. Sie spürte, wie sich sein Griff lockerte. Verloren sah sie mit an, wie mit einem letzten Atemhauch sein Kopf zur Seite fiel und sich seine Augen langsam schlossen. Tränen liefen ihr über das Gesicht. Sie umschloss mit ihren Armen den fremden Soldaten und schrie aus Leibeskräften ihren Kummer der letzten Tage und Wochen anklagend heraus:

»Gott, wo bist du? Wo bist du? Warum zeigst du dich nicht? Was haben diese Menschen dir getan? Wo sind deine Engel, die die hilflosen Alten, Kranken und Kinder beschützen sollen? Und die unschuldigen Männer, die ihre Familien verteidigen? Wo kommen diese ganzen Teufel her? Wo verdammt bist du jetzt? Wo? Warum hilfst du uns nicht?«

5

Das Wiedersehen

Madeleine kauerte apathisch auf dem steinigen Boden des Schlosshofes. Sie bemerkte nicht, dass die königlichen Wachen den Kampf langsam unter Kontrolle bekamen. Es wurde ruhiger um sie herum. Gernod von Demian hatte sie gesucht. Endlich erblickte er sie zwischen den Soldaten, Söldnern und Zivilisten und bahnte sich einen Weg zu seinem Mündel. Immer wieder rief er ihren Namen, bis er endlich seine Arme beschützend um sie legen konnte. Die Erleichterung, sie gesund wiedergefunden zu haben, war ihm deutlich anzusehen. Derweil löste er ihre Finger aus der Hand des leblosen Mannes, um sie behutsam von ihm wegzuziehen. Plötzlich umklammerte Madeleine ihren treuen Freund fest und fing bitterlich an zu weinen. Sie schluchzte:

»Was ist das für eine Welt, Gernod? Ich habe solche Angst um Euch gehabt. Erst habe ich gedacht, Ihr geht für immer weg, dann musste ich im Kampf um Euch fürchten – um Euer Leben, und gleich darauf um das Leben von Sebastian. Die vielen Toten, die Verletzten, diese wild gewordene Horde – was haben wir Gott bloß getan? Was hat dieser Soldat Gott getan?«

Der schwarze Ritter blieb stumm. Er streichelte über Madeleines braunes Haar und wusste nicht, wie er es ihr erklären sollte. Gott hatte mit diesem Massaker wenig zu tun, am allerwenigsten von allen Geschöpfen, die hier im Königreich weilten. Wie sollte man dies in ein paar einfachen Sätzen erläutern? Vor allen Dingen einer so jungen und gutgläubigen Frau. Er spürte ihre Zweifel, ihren Zorn und ihre Hilflosigkeit, die sie das vergessen ließ, was sie selbst einst gepredigt hatte. Nicht die Waffen töten, sondern die Menschen, die sie führen. Gott rief zu keinem Krieg auf, vielmehr musste er zusehen, wie einige Menschen aus Gier, Habsucht und Machtstreben andere Menschen niedermetzelten, die sie gar nicht kannten. Nur weil sie ihre Tugenden und die Liebe zueinander verkauft hatten an Ideale, die so trügerisch waren, dass sie nur in den Abgrund führen konnten. Einigen war nichts mehr heilig; noch nicht einmal das Leben.

Als sie ihn mit ihren traurigen braunen Augen ansah, erinnerte er sich daran, wie er sie direkt nach dem Tod ihrer Mutter im Arm gehalten hatte. Unter einem Felsen hatte er mit seiner kleinen Prinzessin Schutz vor dem aufkommenden Sturm gesucht. Damals wie auch heute verstand er nicht, was den König daran hinderte, dieses wundervolle Wesen als sein eigen Fleisch und Blut anzuerkennen. Jetzt war über viele Gerüchte Gras gewachsen, und die Zeit, aus Vergangenem zu lernen, war schon lange angebrochen. Der schwarze Ritter blickte sich um. Der Innenhof des Schlosses glich einem schweigenden Trümmerfeld. Aus der Ferne konnte er noch immer Kampfgeräusche vernehmen. Still hoffte auch er, dass Gott sie nicht verlassen hatte und ihnen die Kraft geben würde, gegen diese Bestien zu bestehen.

Gernod von Demian wollte Madeleine in die Gemächer des Schlosses zurückführen. Sie schritten durch das Nebenportal, wo Rupert gerade auf eine Bahre gelegt wurde. Der Ritter wandte betroffen seinen Blick ab; die junge Frau an seiner Seite blieb stehen. Nachdenklich betrachtete sie den Königssohn für eine Weile. Sie nahm Ruperts Hände, legte diese sorgfältig auf seinem Oberkörper zusammen und platzierte ein kleines Messingkreuz, welches sie aus ihrem Gewand zum Vorschein brachte, zwischen seinen Fingern. Ritter von Demian zog sie, ohne ein Wort zu verlieren, erzürnt weiter. Rupert hatte schon zu viel Aufmerksamkeit und Zuwendung für seine bösen Taten erfahren. Mit seinem Tod sollte dies, seiner Meinung nach, ein Ende haben.

Als beide zwei Schritte weitergegangen waren, stoppte sie das kurze Aufschlagen eines metallischen Gegenstandes auf dem Steinboden. Drohend hallte das Geräusch durch den Gang. Das Kreuz war auf die Erde gefallen und Ruperts linke Hand baumelte locker von der Bahre herunter. Die Männer, die ihn angehoben hatten, blickten erschrocken zu Gernod.

»Entschuldigt, edler Ritter. Ich kann mir das nicht erklären. Wir haben ihn ganz vorsichtig angehoben.«

Der schwarze Ritter lief zurück und schaute Rupert durchdringend an. Er hob das Kreuz auf, zögerte und wollte es wieder zwischen die Finger des Verstorbenen legen, aber er tat es nicht. Stattdessen äußerte er bitter:

»Selbst jetzt noch wendest du dich von deinem Schöpfer ab und wählst den Weg in die Hölle. Obgleich dir eine andere Pforte wahrscheinlich sowieso nicht geöffnet worden wäre.«

Gernod befahl:

»Tragt ihn weg. Schafft ihn uns aus den Augen.«

Madeleine war über die Worte bestürzt. Der Vertraute des Königs gab der jungen Frau das Kreuz zurück und zerrte sie weiter. Plötzlich blieb Madeleine stehen.

»Ich benötige ein Pferd!«, verkündete sie keck.

»Weshalb?«, fragte Gernod.

Er ahnte bereits den Grund, wollte es aber aus ihrem Mund hören. Madeleine druckste herum und meinte dann:

»Ich muss den Menschen dort draußen helfen. Es gibt bestimmt den einen oder anderen, dem ich beistehen könnte.«

Noch nie hatte der schwarze Ritter sie so verächtlich angesehen. Seine Stimme war barsch, als er sie an den Schultern packte.

»Ihr wisst selbst, dass Eure Worte nichts weiter als eine Lüge sind. Was ist wirklich Euer Ansinnen? Ihm folgen? Dort draußen herrscht Krieg, Madeleine. Wenn er wirklich Interesse an Euch hätte, wäre er hier – genau hier an Eurer Seite – geblieben und nicht irgendwo. Ich habe geschworen, auf Euch achtzugeben, und deshalb bleibt Ihr hier. Ich erlaube Euch weder ein Pferd auszuleihen noch werde ich Euch gestatten, dieses Schloss zu verlassen.«

Die junge Frau blickte schweigend zu Boden. Sie verstand sehr wohl Gernods Sorge, dennoch galt ihr Interesse immer noch Sebastian. Sein seltsames Verhalten hatte sie zwar verletzt, trotzdem war ihre Sehnsucht nach diesem Mann nicht weniger geworden. Sie wollte das, was er gesagt hatte, verstehen. Gernod zerrte sie erneut hinter sich her, aber wieder blieb Madeleine stehen und kämpfte sich störrisch aus dem Griff des schwarzen Ritters.

»Nein, ich werde ihn suchen gehen und finden.«

Stumm standen sich beide gegenüber. Gernod wusste, dass er sie nicht zurückhalten konnte, außer er würde sie einsperren. Ihre Antwort schmerzte ihn, denn tief in seinem Inneren begann etwas, vor Enttäuschung zu zerbrechen. Leise sprach er:

»Ich habe alles gesagt, was gesagt werden musste. Ich habe alles getan, was in meiner Macht stand, um Euch klarzumachen, dass Ihr von einem Menschen träumt, den es so nicht gibt. Ich weiß, dass Ihr besessen seid von diesem Mann. Deshalb kann ich nichts tun, außer Euch bitten hierzubleiben, hier an meiner Seite.«

Die Stimme des schwarzen Ritters zitterte leicht und so atmete er tief durch, bevor er sagte:

»All meine Hoffnung dieses Königreich zu retten, liegt auf Euren Schultern. Ich werde älter, Madeleine, und werde nicht ewig da sein, um dem König beizustehen. Er braucht einen Freund, einen Menschen, dem er ganz und gar vertrauen kann. Jemanden, dem er sein Königreich eines Tages vielleicht vermachen könnte. Ihr habt ein reines, unverdorbenes Herz, Madeleine. Warum schenkt Ihr es bloß diesem Teufel?«

Madeleine versuchte zu überspielen, dass seine Worte sie verletzt hatten, und konterte:

»Er hat Euch das Leben gerettet. Er hat für Euer Königreich gekämpft.«

Der schwarze Ritter schüttelte den Kopf.

»Nein, meine Liebe. Alles, was er getan hat, hatte einen Grund, eine ganz bestimmte Absicht. Er hat dies alles aus Überzeugung, jedoch nicht aus Liebe zu Euch oder aus Nächstenliebe zur mir getan. Die Augen sind die Spiegel der Seele und die Stimme ist der Klang des Herzens. Schaut ihm in die Augen, Madeleine, tief in die Augen, und Ihr werdet feststellen, dass Ihr keine Seele finden werdet, sondern nur Kälte. Seine Stimme ist wie verführerische Musik für Euch. Doch sie ist verleitend und lässt niemals eine Melodie der wahren Liebe erklingen. Es ist etwas ganz anderes und Ihr wisst das genau. Ihr wisst es, aber ignoriert es.«

Gernod lächelte gequält und fügte hinzu:

»Ihr seid jung, Madeleine. Jung und unerfahren und bis heute rein geblieben, da sind die Verführungen der jugendlichen Neugierde und der körperlichen Begierde nicht unbedingt von wahrer Liebe zu unterscheiden. Ich weiß, wie sich das anfühlt, auch wenn es schon lange bei mir her ist.«

Er blickte auf ihre Hände, die immer noch das Kreuz fest umklammerten. Sanft umfasste er mit der Hand seines verletzten Armes die Finger der jungen Frau, kniete nieder und griff mit der anderen Hand in die Tasche ihres Gewandes. Er zog das Amulett hervor, welches er ihr geschenkt hatte, und legte es vorsichtig in ihre Handinnenfläche zu dem Kreuz.

»Das sind die zwei einzigen Gründe, weswegen Ihr hier seid. Haltet sie fest und vergesst sie nicht – niemals. Lasst Euch nicht von Eurem Ziel abbringen. Diese beiden wachen über Euch, egal wohin Ihr auch gehen mögt. Sollte er Euch wirklich lieben, wird er zurückkommen, aber lauft ihm nicht nach. Liebe bedeutet auch, jemanden loszulassen und ihm die Freiheit zurückzugeben, wenn er sie sucht.«

Gernod küsste sie auf die Stirn und ging wortlos fort. Die junge Frau war sichtlich ergriffen. Verloren schaute sie auf das geöffnete Amulett mit dem kleinen Gemälde der Frau.

Sie rief laut:

»Gernod! Bitte kommt zurück! Ihr seid mein Freund. Aber Ihr sagt mir auch nicht die Wahrheit! Ihr habt mich schon mehrmals angelogen …«

Wütend blieb der schwarze Ritter stehen und unterbrach Madeleine lautstark:

»Ich habe Euch noch nie angelogen! Niemals! Geschworen habe ich, mehr als einmal in meinem Leben, und bis heute alle mir anvertrauten Geheimnisse für mich behalten. Ich habe immer das getan, was man von mir verlangt hat, und meine eigenen Bedürfnisse zurückgestellt. Nur einmal in meinem Leben habe ich einen Auftrag meines Königs nicht durchgeführt und dadurch einen Schwur gebrochen …«

Er hielt erschrocken inne und führte den Satz nicht zu Ende. Sie schritt langsam neben ihn und fasste nach seiner Hand.

»Und, habt Ihr es bereut?«, flüsterte Madeleine.

Gernod von Demian war sichtlich aufgewühlt.

»Nein, ich habe es nie bereut.«

Aus dem Augenwinkel folgte sein Blick Madeleines Hand, die ihm nun das Amulett entgegenhielt. Der schwarze Ritter biss die Zähne zusammen und schaute ausweichend zur entgegengesetzten Seite.

»Wer ist diese hübsche Frau, Gernod?«, ertönte ihre Stimme eindringlich.

Auf diese Frage hatte er schon lange gewartet, sie aber auch gefürchtet, und nun nahm sie ihm förmlich die Luft zum Atmen. Madeleine gab nicht auf.

»Ihr wisst es doch. Warum wollt Ihr es mir nicht sagen? Wenn Ihr schweigt, frage ich mich, warum Ihr mir dieses Amulett überhaupt geschenkt habt?«

Der schwarze Ritter lächelte gequält.

»Ihr wisst es doch auch. Tief in Eurem Herzen spürt Ihr es. Mehr kann ich Euch nicht sagen.«

Sein Mündel schaute das Bild verträumt an und fragte mit belegter Stimme:

»Ist das meine Mutter, Gernod?«

Er nickte. Sie betrachtete das Bild liebevoll, während sich gleichzeitig Traurigkeit und Freude in ihrem Herzen ausbreiteten. Die gewaltigen Gefühle darüber endlich zu wissen, dass sie ihrem Ziel ein Stück nähergekommen war, offenbarten sich in Form einer kleinen Träne, die über ihre Wange lief. Der schwarze Ritter drehte sich zu ihr. Es bedurfte keiner weiteren Worte, seine Erleichterung drückte er damit aus, dass er ihr sanft über die Finger strich.

»Habt Ihr sie denn gekannt?«, erkundigte sie sich vorsichtig.

Mit belegter Stimme hauchte der schwarze Ritter:

»Ja.«

In Madeleines Kopf tobten jetzt viele Fragen, aber sie zog es vor, dieses schöne Gefühl mit ihrem Freund zu teilen und die Fragen, die er offensichtlich fürchtete, auf später zu verschieben. Ritter Blaubart kam rufend angelaufen:

»Kommt schnell, Gernod. Wir benötigen Euren Rat. Wir müssen unser weiteres Vorgehen besprechen. Ihr werdet gebraucht.«

Der schwarze Ritter zögerte zu antworten, aber Madeleine ermutigte ihn, David Blaubart zu folgen.

»Geht Eurer Pflicht nach, Ritter. Ich werde warten, bis Ihr wiederkommt. Das verspreche ich Euch. Keine Dummheiten, keine eigenbrötlerischen Unternehmungen.«

6

Usgalman vor Gericht

Als Usgalman aus der geheimnisvollen Pforte in seinen Thronsaal eintrat, wurde er ohne Vorwarnung von mehreren Händen zu Boden geschleudert und von der Empore gestoßen. Er kugelte direkt in den Halbkreis seiner Gespielinnen, die bereits eingeschüchtert und mit gesenktem Haupt dastanden. Er sah auf und bemerkte die drei Wächter der Finsternis. Es waren große muskulöse Kreaturen mit schwarzen Kapuzenumhängen, welche in ihren prankenartigen Händen spitze Speere aus massivem, kunstvoll geschmiedetem Eisen hielten. Ihre Gesichter waren, soweit im Fackelschein erkennbar, knochig und blass. Die schwarzen Pupillen leuchteten auf, sobald sich das fahle Licht darin spiegelte. Das Höllengeschöpf wusste, dass diese Wesen nie allein kamen, sondern die Begleitung für eines der ranghöchsten Geschöpfe der Unterwelt waren.

Vom Rande der Empore warf sich der riesige Schatten eines vier Meter großen, bulligen und kräftigen Wesens mit mächtigen Hörnern und langen Haaren über ihn. Usgalman rappelte sich auf, aber im gleichen

Moment stieß ihn der Herr der Finsternis mit dem Namen Borugmanal vom Treppenrand aus mit seinem Prunkzepter hart auf die Knie zurück. Als er sich langsam zu Usgalman hinabbewegte, schleifte die Schleppe seines fürstlichen Mantels mit großem Stehkragen bedrohlich auf dem Boden entlang. Dieses Geräusch durchdrang die versteinerte Stille. Die vorwurfsvolle Stimme des Herrn der Finsternis erklang laut und deutlich.

»Usgalman, Ihr habt Schande über unsere Unterwelt gebracht! Wie konntet Ihr Euch nur so von Eurem Weg abbringen lassen und den Gefühlsregungen der schwachen Erdenmenschen hingeben?«

»Ich habe mich nicht hingegeben. Alles, was ich getan habe, habe ich für dieses Reich getan«, verteidigte sich das angeklagte Höllengeschöpf.

Borugmanal unterbrach ihn jäh:

»Haltet den Mund. Dieser Thron ist eigens für Euch gemacht worden, weil Ihr ihn Euch einst mit Euren niederträchtigen Eigenschaften verdient hattet: Zorn, Trägheit, Maßlosigkeit, Wollust, Habgier, Neid und Hochmut. Ihr seid der Stolz unseres Reiches gewesen. Was ist passiert, dass Ihr Euch plötzlich persönlich einer Sache so hingebungsvoll angenommen habt, anstatt mit Arglist und Falschheit die Menschen über ihre eigenen Unzulänglichkeiten stolpern zu lassen? Ihr solltet sie dazu verführen, den einfachen, würdelosen Weg einzuschlagen. Stattdessen habt Ihr jedoch selbst unermüdlich und eifrig in die Geschehnisse eingegriffen. Was sind das für neuzeitliche, unabgesprochene Methoden? Ihr sollt sie locken, verlocken und meinetwegen auch Euren Spaß dabei haben. Aber Ihr habt wie ein Märtyrer gelitten und dazu noch den Menschen nicht den freien Willen gelassen, selbst zu entscheiden, auf welche Seite sie gehen möchten, sondern sie förmlich geschubst.«

Hurlebaus tuschelte:

»Hat er eben beim Aufzählen nicht zwei Eigenschaften vergessen? Falschheit und Zweifel?«

Arfalla trat der kleinen Hexe gegen das Bein, um klar zu signalisieren, dass Schweigen im Moment die angebrachtere Vorgehensweise war. Borugmanal hatte sich bereits umgedreht und knurrte die Hexe der Trägheit an:

»Falschheit ist keine Eigenschaft, die für einen Herrscher in seiner Führungsrolle gegenüber seinen Oberhäuptern wünschenswert ist, sondern nur in seinem Handeln den Menschen und seinen Untertanen gegenüber. Angst oder Zweifel sind ebenso aus dem Kopf und dem Gefühlsleben eines Oberhauptes zu verbannen, ansonsten wird der Geist schwach, wankelmütig und erpressbar. Diese Eigenschaften sind nur für die Menschen bestimmt … oder euch Hexen. Aber niemals, niemals – für einen Machthaber und Gebieter. Wer führen will, muss klaren Verstandes sein – kontrolliert und diszipliniert. Die Untergebenen müssen wissen, wem sie folgen. Das Ziel darf nie aus den Augen verloren werden, sonst ist er irgendwann ein Verräter.

Mildtätigkeit darf nur ein Mittel sein, die zerstörerische Absicht vor den Menschen zu verschleiern, aber nicht innerhalb des Höllenreiches. Die zwei Eigenschaften, die dir bei der Aufzählung fehlten, liebe Hurlebaus, sind Todsünden zweiten Grades.«

»Was!?«, durchschnitt ein plötzlich lautes Fragewort die Rede des Herrschers.

Bombastica hielt Giselda, der Hexe der Falschheit, erschrocken den Mund zu. Die Hexe der Maßlosigkeit entschuldigte sich höflich.

»Verzeiht, ein Ausbruch einer kleinen, unpassenden Gefühlsregung. Fahrt fort, edler Herrscher. Wir hatten nicht die Absicht, Euch zu unterbrechen.«

Borugmanal fühlte sich in der Tat gestört und unterstrich dies erneut mit einem drohenden Knurrlaut.

»Früher oder später werden die Menschen diese beiden Eigenschaften auch aus ihren Auflistungen der Todsünden streichen, und zwar wahrscheinlich aus dem Grund, weil sie ihnen schon so vertraut sind, dass sie diese gar nicht mehr als schlimm empfinden. Wer weiß das schon so genau. Aber zurück zum eigentlich Grund meiner Erbostheit …«

Die beiden Hexen verbeugten sich und schwiegen. Er wandte seinen Blick zu Usgalman. Dieser sah seinen Regenten stolz und erhaben an, als er sich in Erklärungen versuchte.

»Ich bin mir keiner Schuld bewusst, Hoheit. Ich habe Zweifel und Angst verbreitet, morden lassen, das Königreich in Schutt und Asche gelegt sowie Wahnsinn,

Trauer und Kummer gesät. Die Menschen haben zugegriffen und sich hingegeben. Was werft Ihr mir also vor?«

Der Herrscher der Finsternis stieß sein Zepter dreimal wütend auf den Boden. Die Wächter kamen näher und richteten ihre Speere mit den Spitzen auf den vermeintlichen Versager. Die große Kreatur der Unterwelt ließ alles, was sich im Thronsaal befand, klein und unbedeutend erscheinen – den mächtigen Thron, auf den er sich aufgrund seiner körperlichen Größe gar nicht erst setzen konnte, die prunkvolle Treppe, auf deren Stufen sein Huf gerade mal quer passte, und Usgalman, der nun in ungewohnt gebeugter Haltung unterwürfig vor ihm stand.

»Was ich Euch vorwerfe?«, fragte der Herrscher überrascht und lachte dann hämisch auf, gewann jedoch seine ernste Miene recht schnell zurück, um auf die Frage zu antworten.

»Eure Absicht, mein lieber Usgalman, werfe ich Euch vor. Nicht Eure Taten selbst, nur die Absicht, mit der Ihr gehandelt habt. Gesteht, Euren Weg verloren zu haben, oder müssen wir uns mit den langweiligen Einzelheiten abgeben?«

Usgalman machte nicht den Anschein, auch nur die geringste Kleinigkeit selbstkritisch eingestehen zu wollen. Nach einem kurzen Innehalten zog das riesige Geschöpf ein Pergamentpapier aus seinem Umhang hervor und sprach:

»Erlaubt mir, Euch alle Taten aufzuzählen, Usgalman. Ihr könnt dazu gerne etwas sagen, aber überlegt gut, ob Ihr es riskieren wollt, mich hinters Licht zu führen oder gar anzulügen.

1. Behinderung des Angriffes auf das Königreich durch Rupert von Buchenbrück durch das Säen von Zwietracht zwischen seinen Söldnern, Anstiftung zum Meuchelmord und Zutragen von geheimen Informationen. Ihr habt dadurch die Truppen entzweit.«

»Ich habe ihre Seelen verwirrt und sie gegeneinandergehetzt, um noch mehr Unfrieden zu stiften«, verteidigte sich Usgalman.

»Wäre es kein Angriff auf das Königreich gewesen, würde ich Euren Tatendrang zu schätzen wissen, aber Ihr habt etwas ganz Bestimmtes dadurch verhindern wollen. Also schweigt besser zu diesem Punkt«, konterte Borugmanal lautstark.

Dann fuhr er fort:

»2. Beihilfe zur Tötung von Vertiles Schneider und Diethold Gerberer durch das Vorspielen falscher Tatsachen sowie Korruption. Ihr habt die Angriffskraft der Truppen dadurch enorm geschwächt.«

Das angeklagte Höllengeschöpf versuchte erneut, die Anschuldigungen zu entkräften, und antwortete:

»Ihre Seelen wiesen Zweifel an der Vorgehensweise von Rupert auf. Sie hätten den Angriff verhindern können. Der ganze Plan, dass Rupert gegen Gernod oder den König hätte kämpfen müssen, wäre in Gefahr gewesen.«

»3. Ermordung von Rupert von Buchenbrück …«

»Um den Vater zu schwächen und Zwietracht zwischen Gernod von Demian und dem König zu säen.

Und nicht nur das, sondern auch Gewissensbisse, Versagensvorwürfe … all das, was so ein Vorfall zwischen diese Freundschaft hätte treiben können«, unterbrach Usgalman den Herrscher aufgebracht, der gleich darauf auch Usgalman wieder ins Wort fiel.

»4. Heilung des gottesfürchtigen Ritters Gernod von Demian um seiner selbst willen.«

Usgalman sprang auf und schrie:

»Nein, nicht um seiner selbst willen, sondern um …«

Das Oberhaupt der Unterwelt machte große Augen und drehte sein Ohr näher zu seinem Gegenüber.

»Sondern um? Sprecht weiter, Usgalman, ich höre.«

Arfalla wusste, dass sich die Schlinge um den Hals ihres Meisters immer enger zuzog. Borugmanal ahnte sehr wohl, was auch sie ahnte, nämlich, dass es immer darum ging, Madeleine zu schützen und den Ritter an ihrer Seite zu wissen. Die Oberhexe fürchtete, dass es für Borugmanal nur ein Spiel war, bis er Usgalman des Verrates und des Machtmissbrauches überführen würde. Absichten waren Pläne. Wie wollte man diese aber mit Vermutungen beweisen? Die Rechtfertigungen klangen wiederum plausibel. Ihr Meister würde sich in seiner Aufgebrachtheit am Ende noch selbst an den Herrscher der Finsternis verraten und ausliefern. Da war sie sich fast sicher und dachte deshalb sehr angestrengt nach, denn sie kannte das Problem mit dem Zorn.

»Nicht um seiner selbst willen, sondern weil er der Einzige ist, der Madeleine näher an die Wahrheit bringen kann und es früher oder später auch tun wird. Denn es ist sein Wunsch, auch wenn darunter die Freundschaft zu seinem König leiden wird. Die Wahrheit wird neue Schwierigkeiten zutage bringen; kompliziertere Machenschaften, die immer mehr Möglichkeiten bieten, dass die Menschen sich in Zwistigkeiten verstricken. Ein geschwächter König und ein geschwächter schwarzer Ritter werden über sich selbst stolpern und dem Volk nicht mehr die gebotenen Ideale vorleben können. Alles wird ins Wanken geraten«, erklang die freundliche Stimme von Hurlebaus.

Dann schlug sie sich erhellt gegen die Stirn und meinte:

»Und ich habe schon an Euch gezweifelt, Meister. Ihr müsst verzeihen. Wieso bin ich da nicht gleich draufgekommen? Ihr seid halt ein Genie, alles andere wäre ja auch viel zu einfach und viel zu schnell zu entwirren und zu durchschauen gewesen. Niemand konnte so Euren Plan durchkreuzen, weil ihn niemand verstanden hat. Wie gerissen.«

Usgalman nickte zustimmend und unterstrich die Antwort mit einer entsprechenden Geste.

Der Herrscher der Finsternis sah die Hexe der Trägheit ungläubig an, ging dann aber wieder dazu über, seine Anschuldigungen vorzubringen.

»5. Totales Versagen, die Nonnenanwärterin Madeleine vom rechten Weg abzubringen, oder vielmehr: Bewusstes Vereiteln einer wollüstigen Liebelei, um sie dadurch zu verwirren.«

»Ich wollte meinen ersten Fehler nicht noch einmal begehen. Ich gestehe, dass dieses Wesen eine große Gefahr für mich barg, da ich sie anfangs in ihrer Stärke unterschätzt hatte. Wie alle hier. Das wollte ich nicht noch einmal riskieren und habe mich für andere Wege entschieden, sie zu schwächen. Einer davon war, das Gefühl der unerfüllten Liebe zu spüren«, erklärte das angeklagte Höllengeschöpf, während der Herrscher der Finsternis schon skeptisch murrte:

»Soso. Ich bin beeindruckt. Ihr hattet also einen Erkenntniszuwachs bezüglich Eurer eigenen Schwachstelle …«

»Die jedes Wesen hat, Eure Majestät. Egal, ob im Himmel oder in der Hölle, auf Erden oder anderswo. Wir alle müssen stets den Verführungen widerstehen. Das waren Eure Worte. Aber nur daran können wir innerlich wachsen und stärker werden. Man muss die Früchte der Verlockung erst kosten, um dann festzustellen, dass diese durchaus schmecken können, einem jedoch nicht unbedingt guttun«, fügte Arfalla hinzu, bevor ihr Meister etwas Dummes sagen konnte.

Borugmanal betrachtete sie kritisch, fuhr aber ohne Kommentar fort:

»6. Verunsicherung des eigenen Gefühlslebens. Und jetzt möchte ich eine Antwort aus Eurem Mund hören, Usgalman, und nur aus Eurem. Keine weiteren Ausführungen Eurer Gespielinnen.«

Dabei deutete er mit seinem Zepter auf den Fürsten der Dunkelheit. Dieser blickte zu Boden und kämpfte sichtlich um die richtigen Worte. Er zuckte mit den Schultern und enthüllte:

»Was soll ich Euch sagen? Ja, ich war zuerst überwältigt. Ich habe so etwas noch nie erfahren. Es war ein Gefühl der Wärme, des Aufgehoben-Seins und der Geborgenheit. Ein Fallenlassen mit der Sicherheit eines doppelten Bodens. Es weckte das Bedürfnis in mir, Gutes zu tun und das zurückzugeben, was ich erfahren durfte: Tiefe Verbundenheit und Sorge füreinander. Sie hat mich so angenommen, wie ich bin, und zweifelte nicht an mir, sondern sah nur das Gute in mir. Letztendlich konnte ich jedoch nicht gegen das handeln, was in mir wohnt: Ein seelenloser Drang zur Macht – lieblos und zerstörend. Deshalb bin ich wieder hier.«

»Könnt Ihr das Gefühl vielleicht benennen? Oder in einem Wort beschreiben?«, bohrte der Regent gelangweilt nach.

»Liebe«, antwortete der Angeklagte mit einer Selbstverständlichkeit, die den Anwesenden ein Raunen entlockte.

Usgalman sprach unbeirrt weiter:

»Was sich anfangs wie ein warmer Sommerregen angefühlt hatte, entpuppte sich dann aber als Kette, als Fessel meiner selbst. Die Liebe macht die Menschen zu Gefangenen, zu Spielbällen anderer. Abhängigkeiten ergeben sich, die über den eigenen Wünschen und Bedürfnissen stehen und Unzufriedenheit bringen. Erwartungen entstehen, die wie ein schweres Kreuz auf die Seele drücken, wenn sie nicht erfüllt werden. Ich bin nicht dazu gemacht, nachzugeben, zu teilen oder Rücksicht auf andere zu nehmen. Ich will frei sein. So verlockend die Falle der Liebe auch gewesen sein mag, ich kann dieses unkontrollierte Unglück nicht ertragen, das die Liebe mit sich bringt. Ich will klare Verhältnisse, die von Verstand und Zielen geprägt sind und die einer Sache dienen: Dem Machterhalt dieses Reiches. Ich habe stets an das Höllenreich und unsere Absichten gedacht. Die größte Schwäche habe ich gezeigt, als ich hier, in diesen Gefilden, von meinen Gefühlen übermannt worden bin, aber niemals habe ich diese Schwäche in der Welt der Menschen gezeigt.«

»Wo wir gleich beim letzten Punkt angelangt wären.

7. Der Verlust der Befähigung, also Eurer erlernten Kenntnisse und Fertigkeiten, die Ihr Euch in der Ausbildung angeeignet habt. Und somit auch der Wegfall der Eignung für diese Tätigkeit. Eure sehr guten anlage- und entwicklungsbedingten Persönlichkeitsmerkmale sowie psychischen und physischen Kräfte sind völlig durcheinandergeraten. Ihr seid überhaupt nicht mehr wiederzuerkennen. Ich bin mir sicher, dass Ihr meine berechtigten Erwartungen so nicht mehr erfüllen könnt. Dies alles führte dazu, dass sich der fehlende Respekt bei Euren Untertanen breitgemacht hat. Eure Personalplanung sowie der geplante Einsatz der Hexen war gleich Null.«

Mit diesen Worten schaute er in die Gesichter der Todsünden und verharrte bei Arfalla, Hurlebaus und Giselda. Die Hexe des Zorns und die Hexe der

Falschheit sahen unbeirrt in die Augen des Herrschers der Unterwelt. Die Hexe der Trägheit spielte verlegen an ihrer Hutspitze und bemerkte mit großen unschuldigen Augen:

»Ich weiß von nix, Hoheit. Was genau meint Ihr?«

Bevor der Herrscher weitersprechen konnte, meldete sich Giselda, die Hexe der Falschheit, zu Wort:

»Ich kann diesen Anklagepunkt nur bestätigen. Erbärmlich hat er sich gegeben und schwach kroch er vor uns herum. Aber die Erklärungen sind mir irgendwie nachvollziehbar. Die gestiftete Verwirrung, die Absichten, das so komplizierte Denken, dem wir nicht folgen konnten, die Verstrickungen … und doch ist es seltsam, dass plötzlich alles so anders gewesen sein soll, als es wirklich die ganze Zeit lang schien.«

»Nichts ist so, wie es scheint. Und schon gar nicht, wenn man nur die Oberfläche betrachtet, liebe Giselda«, fauchte die Oberhexe.

Der Herrscher der Finsternis hob beschwichtigend die Hand und erklärte:

»Ich gebe zu, dass meine bisherigen Schlussfolgerungen mit den Erläuterungen des Angeklagten zu überdenken sind. Ich kann nur schwer beweisen, dass es anders gewesen sein soll, als Usgalman es beteuert. Aber die Stärke und der Mut mit denen er seine Fehler eingestanden hat, haben mich beeindruckt. Ich glaube Euch, dass wir Euch nie richtig verloren hatten. Aber dennoch möchte ich wissen, ob der Rückhalt seitens der Todsünden zu ihrem Meister jemals wieder so werden kann, wie er einmal war. Setzt Euch auf Euren Thron, Usgalman.«

Dieser stand auf und schritt stolz auf seinen Herrschersitz. Die Wächter folgten. Das Oberhaupt der Unterwelt bekundete:

»Es ist nicht üblich, dass Todsünden in die Entscheidung der Herrscherwahl eingebunden werden, doch in diesem Fall geht es darum, wieder die alte funktionierende Ordnung herzustellen. Ich bin gewillt, Usgalman eine letzte Chance zu geben, wenn ihr, die Todsünden, ebenfalls dazu bereit seid. Gebt mir jetzt ein Handzeichen, wenn ihr ihm weiterhin dienen wollt und Treue schwört.«

Diadora hauchte:

»Was wäre, wenn er unseren Rückhalt nicht mehr genießen würde? Könnte ich ihn dann ganz für mich allein haben? Ich meine, er wäre dann nur noch ein Mann … und einer, der mir sehr gefallen würde.«

Die Hexe des Zorns schüttelte den Kopf.

»Giselda, bitte. Halt dich zurück.«

»Und was wäre, wenn er nicht mehr wäre, könnte dann ich den Thron besteigen?«, äußerte sich Lutezia.

Die Hexe der Habsucht tobte lauthals:

»Das könnte dir so passen. Ich würde da oben genauso gut aussehen wie du. Ich wüsste nicht, warum dir mehr Ehre und Macht zukommen sollte als mir.«

Bombastica wandte ein:

»Aber eigentlich ist mir, nein, uns allen, Usgalman da oben auf dem Thron doch am liebsten.«

Giselda säuselte mit einem ironischen Unterton:

»Ja, ich denke, wir wissen alle, was wir an ihm haben.«

Dabei wanderte ihr verstohlener Blick zu Arfalla, die förmlich riechen konnte, wie doppeldeutig diese Vertrauenskundgebung war und wie sehr die Hexe der Falschheit den Thron immer noch begehrte. Der Herrscher der Finsternis flüsterte Usgalman lächelnd zu:

»Ihr habt wahrlich keinen leichten Stand in diesen Gefilden. Seid Ihr sicher, dass Ihr nicht lieber abdanken und zukünftig mit den armen Seelen in der Hölle schmoren wollt? Ich könnte Euch auch zu Staub zerfallen lassen, wenn Euch das lieber wäre. Dann hättet Ihr ewige Ruhe.«

Usgalman konnte darüber nicht lachen und sah seinen Befehlshaber zornig an. Dieser amüsierte sich offensichtlich, wandte sich dann aber wieder mit einem sehr ernsten Tonfall an die Todsünden.

»Sollte Usgalman keinen Rückhalt mehr in dieser auserwählten Runde genießen, wird er augenblicklich hingerichtet und sein seelenloser Körper dem Höllenfeuer übergeben.«

Mit einem Fingerschnippen befahl Borugmanal seinen Wachen, ihre Speere in Position zu bringen.

»Eure Ambitionen in allen Ehren, aber Todsünde bleibt Todsünde. Keine von euch wird jemals diesen Thron besteigen. Eher überlebt ein Schneeball in der Hölle. Ihr seid eine besondere Auslese an Hexen und

Zauberinnen. Einen höheren Grad wird es für euch nicht geben. Findet euch damit ab, aber das könnt ihr ja leider nicht, da ihr Gefangene eurer Eigenschaften seid«, verdeutlichte er.

Der Herrscher der Unterwelt lachte so laut auf, dass der Saal bebte und die kegelförmigen Gebilde an der Decke und auf dem Boden teilweise in sich zusammenfielen.

»Der macht unseren Thronsaal kaputt!«, beschwerte sich Bombastica trotzig.

Usgalman saß erhaben und anmaßend da, trotzdem konnte man ihm die Angespanntheit anmerken. Arfalla versuchte, ihm in die Augen zu sehen, aber er mied den Blickkontakt mit ihr. Das ärgerte sie so sehr, dass sie nicht mehr schweigen konnte. Vorwurfsvoll brachen die Worte wie ein Gewitter plötzlich aus ihr heraus.

»Wenn Ihr selbst keine Zuversicht in Euer künftiges Handeln habt, wie sollen wir es dann haben? Seht mich verdammt noch mal an und zeigt mir und den anderen, dass Ihr es ernst meint mit dem, was Ihr sagt.«

Schlitzäugig schielte Borugmanal zu dem todgeweihten Höllengeschöpf. Usgalman wollte aufspringen, aber die auf ihn gerichteten Speerspitzen hielten ihn davon ab. Unbändiger Zorn machte sich in ihm breit und unbändige Entrüstung ließ ihn seine Fingernägel in die Armlehnen des Thrones krallen. Er kam sich vor wie ein Tier im Käfig: begafft, herausgefordert, bewacht und erniedrigt. Sein Groll richtete sich nicht nur gegen seine Gespielinnen, sondern auch gegen seinen Regenten, den Herrscher der Finsternis. Mit einem lauten Schrei schlug er die auf ihn gerichteten Waffen zur Seite, stieß die Wächter von sich weg, ergriff sich dabei einen Speer und sprang schnaubend auf Arfalla zu. Die Spitze des Speeres in Richtung seines Herzens gerichtet, drückte er ihr die Waffe in die Hand.

»Stoß zu! Wenn du mir Wunden zufügen willst, dann richtig. Deine Bemerkungen, die du mir unentwegt wie kleine Nadeln ins Fleisch stichst, langweilen mich.«

Arfalla blickte erschrocken und getroffen auf. Sie flüsterte:

»Wie könnt Ihr mich bei allem, was ich tue, nur so missverstehen?«

Er umfasste unbeirrt ihre Hände und zog diese mit einem Ruck zu seinem Körper. Ein Raunen ging durch den Saal, denn schwarzes Blut tropfte aus einer kleinen Wunde.

»Los, stoß zu! Die Spitze sitzt an der richtigen Stelle. Du musst sie nur noch hineinrammen!«, brüllte er die Oberhexe an.

Diese hielt dagegen und entgegnete:

»Führt mich nicht in Versuchung. So wie Ihr Euch aufführt, wäre es für uns alle vielleicht sogar das Beste, wenn ich es täte.«

Die Wächter wollten sich auf Usgalman und Arfalla stürzen, doch der Herrscher hielt sie mit einer klaren Geste davon ab und überließ die Situation sich selbst.

Der Fürst der Dunkelheit schaute Arfalla unbeugsam in die Augen. Er spürte Arfallas heftigen Pulsschlag in ihren Fingerspitzen, als sie ihre Hände sanft über seine schob, und ihm so die Verantwortung für den Speer zurückgab. Erzürnt warf er seinen Gespielinnen die Waffe vor die Füße und schrie:

»In meinem Thronsaal werden keine Handzeichen gegeben, die über meinen Tod oder mein Leben entscheiden. Hier werden keine demokratischen Spielereien eingeführt. Ich will niemandem von euch dankbar sein müssen. Ihr alle traut mir nicht mehr? Ihr verlangt Rechtfertigungen – von mir? Wie könnt ihr es wagen, mir derart anmaßend gegenüberzutreten? Ihr habt jetzt die Chance, mir zu folgen oder mich niederzustrecken. Wenn auch nur eine von euch an mir zweifelt, soll sie den Speer nehmen und mein Herz durchbohren. Ich werde mich meinem Schicksal ergeben und mich nicht wehren. Tut ihr es nicht, unterwerft ihr euch mir für alle Zeit. Sollte ich dennoch Zweifel an der Loyalität von einer Todsünde haben, lade ich diejenige hinter die geheimnisvolle Pforte ein, damit sie dort für alle Ewigkeit verschwunden bleibt.«

Mit großen, festen Schritten eilte er zurück auf seinen Thron und starrte die Hexen erbarmungslos an. Esmeralda reagierte als Erste und hob die Waffe auf. Heroika fand, dass der ganze Tag schon äußerst nervenaufreibend gewesen war – und nun das. Sie wusste nicht, ob sie Angst haben oder eher zweifeln sollte, dass dieser Aufforderung wirklich jemand nachkommen könnte. Was, wenn jemand wirklich … sie wollte daran gar nicht denken. Ihr war das alles zu viel.

»Haltet mich, mir wird so anders. Bitte durchbohrt nicht sein Herz. Oh, ich sehe schwarzes Blut …«

Mit diesen Worten plumpste sie zu Boden. Bombastica trällerte:

»Ignorieren, einfach ignorieren. Sie hat für so etwas einfach keine Nerven.«

Esmeralda präsentierte allen den Speer und fragte laut:

»Möchte jemand zugreifen?«

Die Hexen blickten verschämt zu Boden und schüttelten ablehnend die Köpfe. Dann fuhr sie fort:

»Also kann ich ihn an seinen Besitzer zurückgeben?«

Da niemand widersprach, schritt die Hexe des Hochmuts auf die Empore und gab dem Wächter seine Waffe zurück. Dabei lächelte sie Usgalman an und nickte ihm hochachtungsvoll zu. Die bedrückende Stille wurde von Borugmanals Händeklatschen unterbrochen.

»Wie mir scheint, ist meine Anwesenheit nicht mehr erforderlich. Ich beglückwünsche Euch, Usgalman. Ihr habt Euch wacker geschlagen und Euren Drang nach Macht wiedererlangt. Ihr werdet verstehen, dass ich jedoch ganz sichergehen muss, dass Ihr innerlich ganz und gar gefestigt seid. Ich werde Euch einen Auftrag erteilen und hoffe für Euch, dass Ihr diesen gut erfüllen werdet«, drohte der Fürst der Finsternis mit verschmitztem Grinsen.

»Aber zuvor – lasst uns feiern. Ladet ein paar Gäste ein, wir trinken um die Wette und berauschen uns. In ein paar Stunden werde ich Euch wissen lassen, was ich von Euch verlange. Wenn Ihr das meistert, werde ich versprechen, nie wieder an Euch und Euren außergewöhnlichen Strategien zu zweifeln«, rief er, fast fröhlich, in die Runde.

Als er in die Hände klatschte, traten Musiker in den Palast und fingen an zu spielen. Weitere Kreaturen der Unterwelt kamen herein und begutachteten sogleich die Speisen und Getränke auf den Tabletts der Diener, die ebenfalls mit der Menge an Kreaturen durch die Gänge heraneilten. Usgalman grinste teuflisch und erwiderte:

»So soll es sein, mein Regent.«

7

Die letzte Chance

Die Feierlichkeiten nahmen ihren Lauf. Lange war die Unterwelt nicht mehr so ausgelassen gewesen. Usgalman hielt sich von seinen Gespielinnen bewusst fern und zog es vor, sich mit unbedeutenden Kreaturen über unwichtige, unsinnige Nichtigkeiten und den allgemeinen Verfall der Werte in der Unterwelt zu unterhalten. Arfalla und Hurlebaus versuchten sich abzulenken, um ihre Aufmerksamkeit nicht laufend unbewusst Usgalmans Verhalten zu schenken, aber ihre Blicke sagten etwas anderes. Nach mehreren Gläsern Kräuterbowle signalisierte Borugmanal endlich, dass es für den Fürsten der Dunkelheit Zeit war, sich mit ihm zu unterhalten. Die beiden Kreaturen der Unterwelt verschwanden hinter der geheimnisvollen Pforte, die sich dieses Mal außergewöhnlich leise und fast unbemerkt geöffnet hatte. Dennoch war es sowohl der Hexe des Zorns als auch der Hexe der Trägheit nicht entgangen. Sie nippten an ihren Getränken.

»Das war's dann wohl. Ab jetzt können wir nichts mehr für ihn tun, Arfalla«, kommentierte Hurlebaus niedergeschlagen das Gesehene, während sie mit ihrem

Zeigefinger einige der leckeren Kräuter aus dem Glas fischte.

Die Oberhexe schwieg.

Hinter der Pforte war es heiß. Es herrschte eine unbändige Hitze durch die leuchtenden Lavaströme, die auf ihrem Weg aus den schwarzen Lavafelsen zurück in die Tiefen der Erdlöcher zischten und rumorten. Ein erkalteter schmaler Lavapfad ermöglichte das Gehen über den pulsierenden glühenden Grund. Borugmanal schritt voran. Sein langer Mantel glitt nicht nur unbeschadet über den heißen Boden, sondern kühlte die Materie, die mit den über den Pfad hinaushängenden Stoffteilen in Berührung kam, noch so weit herab, dass sie nur noch glimmte, um kurz danach wieder aufzulodern. Usgalman folgte. Beide ließen sich in einem höhlenartigen Raum nieder, der außer zwei Stühlen und einem Tisch aus erkalteter Lava nichts beinhaltete. Ein Fenster, durch das ein Meer von flüssigem Vulkangestein hereinleuchtete, war in der Wand eingelassen. Am Horizont sah man riesige schwarze Felsen, die weltlichen großen Bergmassiven ähnelten, aber durch ihre inneren Feuer beleuchtet wurden und so unterschiedlich schaurig, wie auch schön zugleich, erstrahlten. Das Firmament war übersäht mit züngelnden Flammen, die eine Art Wolkenteppich bildeten. Borugmanal rückte sich einen der Stühle zurecht, konnte aber nicht, ohne sich beengt zu fühlen, darauf sitzen und brach deshalb einfach die Lehnen an den Seiten ab.

»Was sollten all die Beleidigungen und Erniedrigungen vor meinen Todsünden?«, begehrte Usgalman lautstark auf, bevor er Platz genommen hatte.

Der Herrscher der Finsternis lehnte sich entspannt zurück, musterte ihn und knurrte bedrohlich:

»Ihr seid nicht in der Position, auch nur irgendetwas zu fordern, zu fragen oder zu bestimmen. Nicht hier in meinem Reich, auch wenn es Eure Höhle ist, in der ich gerade sitze. Setzt Euch!«

Usgalman folgte dem Befehl. Er wirkte neben seinem Regenten mickrig, fast zierlich und zerbrechlich. Borugmanal wurde energisch.

»Luzifer sei gepriesen! Wie konnte Euch so etwas passieren? Warum seid Ihr nicht zu mir gekommen, als Ihr gemerkt habt, dass Euer Herz sich erwärmt? Wie lange hätte ich diesem Jammerspiel noch zusehen sollen? Ich weiß sehr wohl, Usgalman, dass da noch ein kleiner Tropfen des Giftes in Euch schlummert, auch wenn Euer Geist klar ist und sich schon wieder zu erholen scheint. Euer Gefühl ist noch nicht rein. Ihr seid zu diplomatisch. Ihr wollt sehr wohl Böses vollbringen, aber immer so, dass es Madeleine und dem schwarzen Ritter nicht ernsthaft schadet. Haltet Ihr mich für einen Tölpel?«

»Warum will mir niemand glauben? Ich habe immer an das Höllenreich gedacht, selbst dann als ich spürte, wie mein Herz zerschmolz. Ich habe einen unmissverständlichen Auftrag, dessen bin ich mir bewusst.«

Der Herrscher schlug mit der Faust wütend auf den Tisch.

»Das reicht nicht! Ihr müsst in unserem Sinne handeln und nicht an das Höllenreich denken. Zumal Ihr nur an uns gedacht habt, weil Ihr wusstet, dass Euer Spiel irgendwann ein Ende haben wird. Hört endlich auf, Euch selbst zu belügen! Ihr bekommt noch eine Chance, Usgalman. Wenn Ihr diese richtig nutzt, sei Euch Euer Ausrutscher verziehen. Ihr müsst wieder der alte Usgalman werden. Ich kann mich nicht ewig schützend vor Euch stellen. Eure Missetaten sind schon fast nach ganz oben gedrungen und man lacht über Euch. Ihr werdet sehen, dass es sich gut anfühlt, nicht von Gewissensbissen und Zweifeln gequält zu werden. Ihr seid zu verletzlich, wenn Ihr liebt. Also hört damit auf.«

Die beiden Kreaturen schwiegen für einen Moment. Usgalman vermied es, sich zu rechtfertigen. Borugmanal, der Herrscher der Finsternis, belehrte seinen Untergebenen eindringlich.

»Das Oberhaupt des Höllenreiches hat eine Aufgabe; und die versuchen wir alle in seinem Namen und Auftrag zu erfüllen oder zu delegieren. Es ist unser Anliegen, die Menschen von ihrem rechten Weg abzubringen. Die einen sehen es als Lehre und kehren zurück zum Licht, die anderen folgen uns und gehen früher oder später auf ihrem Irrweg verloren. Durch das ständige Verfehlen von uns werden die Menschen jedoch widerstandsfähiger – wenn sie daraus lernen. Und umgekehrt ist es genauso. Verführt Euch das Gute und Ihr kehrt zu uns zurück, werdet auch Ihr stärker. Vorausgesetzt, Ihr lernt daraus. Unser Herr und Meister hat nicht die Macht, aus dem Teuflischen heraus etwas zu erschaffen, was noch nicht da ist. Also solltet Ihr das auch nicht tun. Er wirkt in seinen Versuchungen. Aber Ihr habt selbst zum Schwert gefasst, geheilt und aus der Sicht der Menschen gezaubert. Versteht Ihr plötzlich den Unterschied nicht mehr? Unser Meister und wir wirken mit unseren Energien und verkörpern die Schattenseiten des Lebens, verpackt in Gold und Glanz. Diese Energien aber sind zerstörend, verführerisch, beeinflussend, betrügerisch, lügenhaft und voller Gier, Neid und Zweifel. Sie führen zu nichts, außer Leid, Hass und Krieg. Nur durch uns kann der Mensch lernen, stark zu sein. Versuchungen zu erkennen und zu widerstehen, ist ganz allein deren Aufgabe. Es liegt nicht in unserer Macht und soll auch nicht in unserer Macht liegen, wie sie sich entscheiden. Sie tun es ganz allein. So wie in Eurem Fall. Was man tut, sollte man aus Überzeugung tun. Egal ob auf unserer oder der anderen Seite. Usgalman, auch Ihr werdet verführt. Die Lichtwesen, manche nennen sie Engel, sind überall und auch sie kämpfen darum, die Menschen zu verführen, allerdings zum sogenannten Guten. Sie helfen den Menschen, die sich gegen uns entschieden haben. Aber dieser Kampf hört nie auf. Weder für die Menschheit noch für uns. Ihr müsst dieser Versuchung genauso wiederstehen wie sie Euch. Begreift Ihr das?«

Usgalman blickte traurig auf.

»Also habe ich in Euren Augen versagt?«

Der Herrscher stand auf und ging ein paar Schritte zum Fenster, dann äußerte er:

»Nein, nicht versagt, sondern verführen lassen. Wenn die gute Seite nicht mehr hell ist und die böse Seite nicht mehr dunkel, dann fehlt der Menschheit die Orientierung. Uns übrigens auch. Es ist wahrlich so schon schwer genug, zwischen Gut und Böse zu unterscheiden. Seht Euch an.«

Borugmanal setzte sich wieder, atmete tief durch und sprach:

»Ich versuche, es auf den Punkt zu bringen, denn das, was ich in Euren Augen lesen kann, zeugt nicht von Erleuchtung aufgrund meiner Worte.«

Usgalman seufzte gelangweilt.

»Ich habe Euch schon verstanden …«

»Nein, das habt Ihr nicht!«, brüllte der Herr der Finsternis und schlug sein Zepter laut auf.

»Die einen sehen das Dunkle in Euch und haben Euch erkannt. Sowas darf nicht passieren. Die anderen lieben Euch, aber Ihr nutzt das nicht aus. Was soll denn das? Menschen funktionieren über Angst, deshalb nutzt das jeder Glaube für sich – die Angst vor dem Höllenfeuer, die Angst vor dem Teuflischen. In Wirklichkeit leben sie nur eine Doppelmoral und brauchen Hilfestellungen, um sich im Leben zurechtzufinden, um Unerklärliches mit Gott oder dem Teufel zu erklären. Die Menschen sind schwach, deshalb glauben sie an etwas; an uns, an Gott. Und sie schaffen sich Stellvertreter für das alles. Der Glaube ist dann am stärksten, wenn die innere Schwäche wächst, die Hilflosigkeit und die Angst. Wir sind dazu da, sie auf ihrem Weg weiterzubringen und sie nicht zu Marionetten zu trainieren. Der Erzengel Luzifer ist nicht gefallen, er hat einen Auftrag. Offiziell wurde er als anmaßend vom Erzengel Gabriel aus dem Himmelreich hinausgeworfen und als böse deklariert, um die Menschen zu verführen. Aber der christliche Gott ist ein verzeihender Gott; damit die Menschen sich wenigstens etwas bemühen, muss Luzifer nun mit diesem Stigma des Bösen leben. Und warum? Weil jeder beide Samenkörner in sich trägt und das gut gemeinte Böse von den Menschen selbst zu etwas genutzt wurde, was nie in unser aller Sinne war. Und jetzt kommt Ihr daher und bringt alles durcheinander. Allein schon, dass ich Euch das erzählt habe, zeugt davon, dass ich Euch sehr wohl vertraue, zukünftig das Richtige zu tun.«

Usgalman staunte, sprang auf und zeigte auf seine Pforte.

»Aber alle da draußen glauben etwas völlig anderes. Sie sind böse, verdorben, verlorene Seelen … oder auch Hexen, Zauberinnen.«

»Niemand hat gesagt, dass es keine Magie gibt. Oder besser gesagt: Nur, weil Menschen es nicht erklären können, ist es etwas Magisches oder Zauberei. Deshalb gibt es Regeln und sinnloses, zu offensichtliches Herumzaubern ist untersagt. Jeder ist ein Teil des Planes und jeder erhält die Informationen, die er benötigt. Das große Ganze soll und darf nicht jeder überblicken. Nur wenige sind dazu auserwählt, und zwar die, die gefährlichen Verführungen widerstanden und entschieden haben, wo sie stehen wollen. Ihr seid kein Mensch. Ihr habt Euch von dieser verdammten Doppelmoral gefälligst zu verabschieden. Und kein Wort zu Euren Gespielinnen. Die haben sich entschieden. Einige taten sich leicht, andere spüren heute noch die Verführungen. Aber sie widerstehen; zumindest tun sie alles, um auf ihrem gewählten Weg zu bleiben.«

Usgalman war sichtlich irritiert. Er fuhr sich mit den Händen durch seine langen schwarzen Haare. Er dachte plötzlich an Arfalla. Borugmanals und sein Blick trafen sich genau in diesem Moment.

»Sie kämpft nicht nur um das Höllenreich, sondern auch um mich, richtig?«, wollte sich der Fürst der Dunkelheit vergewissern.

Borugmanal feilte derweil einen seiner Fingernägel an der Tischkante und überhörte diese Frage geflissentlich.

»Nun wieder zu Euch, mein lieber Usgalman. Ich kann sehen, dass Ihr an Härte verloren habt. Ihr wägt ab, weil Euch Eure Gefühle nicht klar sind. Aber Ihr steht viel zu weit oben auf unserer Rangliste, als dass Ihr Fehler dieser Art machen dürft. Auch Eure Todsünden dürfen solche Fehler nicht begehen. Alles, was darunter ist … naja. Da hapert es genauso wie bei den niedrigen Engelwesen.«

Borugmanal ließ sich auf seinen Stuhl zurückfallen, um sich dann wieder aufzurichten und Usgalman freundschaftlich auf die Schulter zu schlagen.

»Ihr seid nun im Kreis der Vertrauten, da Ihr die Regeln kennt. Es gibt offizielle Aussagen und Ziele – und die Wirklichen. Es ist ein großes Spiel. Wir haben eine Abmachung mit jemandem dort oben und er mit uns. Dass die Menschen uns zurzeit anscheinend lieber mögen und uns folgen, anstatt denen da oben, ist nicht unsere Schuld. Es ist menschlich, deshalb müssen wir für Klarheit sorgen. Tugenden zählen nur solange, wie sie keine persönlichen Einschränkungen oder einen Vorteil bringen, deshalb wird viel geredet, anstatt gehandelt. Müsste, könnte, sollte – wird immer wieder gerne genommen, um sich selbst zu entschuldigen. Wir entschuldigen nichts, sondern müssen unseren Grundsätzen treu bleiben, auch wenn vielleicht das Gleichgewicht der Ordnung zwischen Gut und Böse nicht mehr stimmt. Es ist nicht Eure Aufgabe, es für die Menschheit wiederherzustellen, indem Ihr den Teppich für das Gute ausbreitet und versucht, das Übel aufzuhalten. Ich spreche zu Euch als Freund und Gebieter. Entscheidet Euch, noch könnt Ihr es. Erneute Entgleisungen solcher Art führen zu Eurem Untergang.«

Usgalman stand auf und forderte:

»Gebt mir meinen neuen Auftrag und ich werde ihn zu Eurer Zufriedenheit erfüllen.«

»Führt Euren Plan, so wie er ursprünglich war, durch. Verführt Madeleine zu einer Liebelei. Und ich betone: Ihr sollt sie verführen und durch Liebeskummer schwächen. Sie muss das Verlangen nach Euch spüren, nicht umgekehrt, und dann verschwindet Ihr – wenn möglich, ohne einen theatralischen Liebesbrief zu hinterlassen. Meint Ihr, das bekommt Ihr dieses Mal hin?«, fragte der Herrscher mit einem gehässigen Unterton grinsend nach.

Sein Gegenüber lachte überheblich und meinte:

»Es geht Euch nicht mehr um die Sache, richtig? Ihr wollt ganz allein mich auf die Probe stellen. Ihr wollt wissen, ob ich diesem wundervollen Geschöpf wehtun kann.«

»Vielleicht, vielleicht auch nicht. Habt Ihr vergessen, wieso Ihr sie am Anfang als gefährlich eingestuft hattet? Meint Ihr, das ist jetzt anders? Stellt sie auf die Probe und Euch ebenfalls. Hört auf zu hinterfragen. Ihr sollt gehorchen und Eure Bestimmung erfüllen. Ihr seid nur glaubhaft, wenn Ihr es aus ganzem Herzen und mit Hingabe tut«, befahl der Regent.

»Könnte dies überhaupt das Königreich erschüttern? Dazu ist Madeleines Rolle im Moment viel zu unwichtig. Wenn wir sie angreifbar machen wollen, dann nicht nur durch Liebeskummer, sondern durch eine Lüge, und zwar die größte von allen, die es in diesem Königreich gäbe. So würde gleich mehreren Personen tief ins Herz getroffen werden, und das auf ganz unterschiedliche Weise.«

Borugmanal sprang freudig auf und rief:

»Sehr gut, Usgalman! Dann habt Ihr zwei Aufträge: Erstens bringt sie dazu, die Macht ergreifen zu wollen und Königin zu werden, und zweitens verführt sie und verschwindet dann aus ihrem Leben. Sollte sie sich jedoch für einen anderen Weg entscheiden, bedeutet es nicht, dass Ihr versagt habt. Sie hat dann einfach nur widerstanden. Was gleichwohl bedeuten kann, dass andere Verführte Madeleines Schicksal steuern wollen. Ihr aber unterlasst es dann, sie zu beschützen. Ich will und muss in erster Linie Euren Willen sehen, die Aufträge ernsthaft erfüllen zu wollen. Es muss Euch wieder gefallen, die Menschen zu verführen, und Ihr müsst Euch an dem daraus folgenden Leid ergötzen können, sonst steht Ihr auf der falschen Seite. Geht jetzt. Ich denke, es ist alles gesagt. Genießt die Feier und richtet wohlwollende Grüße an Eure Todsünden aus. Ihr hättet Euch damals auch für die gefallenen Engel zweiten Grades entscheiden können, aber Ihr wolltet ja lieber diese eigentümlichen Weggefährtinnen.«

Als Borugmanal den Raum durch eine Nebentür verließ, standen bereits die drei Wächter der Finsternis davor und warteten auf ihn.

»Ich gehe über das Meer der Feuer nach Hause. So ein wenig schwefelige Luft kann nicht schaden. Die Natur ist doch etwas Herrliches, findet Ihr nicht, Usgalman? Vielleicht komme ich Euch jetzt des Öfteren besuchen. So weit ist es von mir gar nicht entfernt. Ich muss gestehen, Giselda ist schon ein höchst interessantes Weibsbild. Sie gefällt mir sehr gut.«

Zufrieden spazierte er über den glühenden Horizont nach Hause. Er drehte sich noch einmal um und winkte mit den Worten:

»Ach ja, ich gebe Euch eine Woche Zeit, dann sollte alles vollbracht sein.«

Usgalman schlenderte nachdenklich zum Thronsaal zurück, dabei kickte er wütend einen erkalteten Lavabrocken zurück in die leuchtenden Ströme.

8

Das Ende der Kämpfe

David Blaubart dachte nach und sagte:

»Wir haben keine Wahl und keine Zeit. Lasst uns den Feinden einfach entgegentreten. Wir werden erst einmal Präsenz zeigen mit unseren Soldaten. Alles andere ergibt sich von selbst. Gut wäre, wenn wir Ruperts restliche Schergen einkreisen könnten.«

Der schwarze Ritter entgegnete:

»Rupert kann nicht mehr viele Männer haben, die gegen uns kämpfen, trotzdem scheint der Wald von seinem Gefolge zu wimmeln. Wie ein Gefangener uns mitteilte, ließ er einige seiner eigenen Männer töten und dennoch folgen ihm die Übriggebliebenen. Das soll mal einer verstehen. Ich weiß nicht, was ich denken, glauben und vor allen Dingen tun soll. Das ist mein Problem. Ich kann die Situation überhaupt nicht mehr einschätzen. Vielleicht stehen dort nicht nur zehn, zwanzig oder dreißig Mann, vielleicht sind es noch viel mehr, oder aber, was ich eher vermute, wirklich nur eine Handvoll. Hat irgendjemand hier eine andere Idee? Unsere Armee ist geschwächt, sollen wir hier wirklich auf Verdacht rausreiten?«

Der König murrte kleinlaut:

»Wie Ritter Blaubart sagte, wir haben keine Wahl. Ihr bleibt übrigens hier, Ritter Gernod.«

David Blaubart rückte sein Schwert zurecht und machte sich kampfbereit.

»Ratschlagt weiter und nichts wird sich ändern. Ich reite jetzt mit meinen Männern da raus. Dann werden wir sehen, ob die Fackeln die wahre Anzahl von Männern widerspiegelt. Vielleicht reiten wir in eine Falle, vielleicht aber auch nicht. Gernod, Ihr habt als Erster gezweifelt, dass es sich um einen starken Trupp handeln kann, warum zweifelt Ihr jetzt an Eurem eigenen Gefühl? Ich traue Eurer Erfahrung und deswegen reite ich jetzt hinaus. Und denkt nicht daran, auf ein Pferd zu steigen. Ihr seid verletzt, unser König hat recht, also schont Euch bitte.«

Mit diesen Worten ging er hinaus. Wie zwei Schuljungen standen der König und sein Vertrauter da.

»Gernod, ich glaube, ich werde alt – und Ihr auch. Uns schwindet der Tatendrang. Wir denken zu viel nach und wägen mehr ab als zuvor, trauen unserer Erfahrung und unserem Gefühl nicht mehr. Können wir nicht mehr klar denken und sind von unseren eigenen Wünschen, Ängsten und Zielen gefangen? Vor ein paar Monaten wären wir dem Feind einfach entgegengeritten, um das Königreich und seine Bewohner zu verteidigen.«

»Kann sein«, antwortete der Ritter kurz.

Die Nacht zog sich in die Länge und langsam wurden alle müde. Müde zu warten, müde einen aussichtlosen oder weiterzehrenden Kampf zu führen und müde, weitere Überraschungen zu erleben. Das eigentliche Ziel der Angreifer war verfehlt worden und ihr Anführer tot. David Blaubart ritt mit einem kleinen Stoßtrupp auf die vermeintlichen Fackelträger im Wald zu. Sie überwältigten schnell die wenigen Männer, die dafür zu sorgen hatten, dass die Fackeln am Brennen gehalten wurden. Gernod lag also richtig mit seiner Annahme, dass sich hinter den vielen Lichtern nur wenige Söldner verborgen hatten. Der Trupp von Ritter Blaubart überwältigte Ruperts letzte Schergen und machte sie zu Gefangenen. Jene, die nicht aufgeben wollten und sich widersetzen, ließ er töten. Hauptmann Hagedorn übernahm die Gefangenen und sperrte sie in den Kerker.

Während einige Bewohner von Hochbergen trauerten, zogen andere sich zurück, um zu schlafen oder emsig aufzuräumen, sofern es ihre Kräfte noch zuließen. Die Brände waren gelöscht und das Nötigste aus den Flammen gerettet worden. Die Menschen schliefen dort, wo sie sich warm, trocken und beschützt niederlassen konnten; in Ruinen von ehemaligen Häusern, bei Nachbarn oder in den dafür freigeräumten Räumen im Schloss, wo auch die Verletzten versorgt wurden. Sicherheitshalber ließ Gernod überall dort Wachen postieren, wo sich die Menschen zu Gruppen zusammengefunden hatten. Sie sollten ein Auge auf die Bewohner des Reiches und das restliche Hab und Gut haben. Es kehrte Ruhe ein und eine angenehme Stille zog über das Land.

Madeleine blickte aus ihrem Fenster. Sie konnte nicht schlafen, zu viel war geschehen, das ihr noch im Kopf herumgeisterte. Als sie in den frühen Morgenstunden am Fenster einnickte, schickte die Sonne gerade die ersten Strahlen über den Horizont, um einen neuen Tag anzukündigen.

9

ORTWIN WIRD VERMISST

So plötzlich wie der Krieg ausgebrochen war, verschwand er auch wieder. Es hätte ein Traum gewesen sein können, wären da nicht die Trümmer und Gräber, die daran erinnerten, dass es kein Traum war. Während die Aufräumarbeiten, die Versorgung der Verletzten und die Bestattung der Verstorbenen vorgenommen wurden, quälten den König weitere Gedanken. Er hatte seinen ältesten Sohn verloren und sein Jüngster war verschwunden. Überall hatte er im Schloss und in der näheren Umgebung nach ihm suchen lassen, jedoch ohne Erfolg.

Zito der IV. stand auf seinem Balkon und sah dem Treiben sowohl auf dem Marktplatz als auch in der Ferne zu. Zwei Tage waren nun seit dem Abend vergangen, als er hier stand und zusehen musste, wie Rupert gegen Gernod kämpfte und letztendlich gegen Sebastian verlor. Er gab sich Mühe, diese Bilder aus seinem Kopf zu verdrängen, aber immer wieder glitten seine Gedanken genau dorthin zurück. In all dem Wirren hatte er nicht darauf geachtet, wohin Ortwin in dieser Nacht verschwunden war.

»Zermartert Euch nicht den Kopf, Eure Hoheit. Er wird wieder auftauchen. Wo soll er denn auch hin? Der Hunger wird ihn Heim treiben.«

Der König vernahm die angenehme Stimme seines alten Freundes Gernod, dessen Eintreten er gar nicht bemerkt hatte. Zito sah vergrämt aus und sprach:

»Ich weiß nicht, Gernod. Er war kurz davor, wieder ein guter Junge zu werden. Er hat immerhin die Frau und das Kind gerettet, und dann befiel ihn der Wahnsinn. Jetzt ist er verschwunden und unauffindbar. Vielleicht hat er sich in den Fluss gestürzt oder von einem Berg. Wer kann das schon sagen? Vermutlich finden wir ihn nie wieder.«

»Er ist Euer Sohn. Hört genau in Euch hinein. Ihr spürt doch, ob er lebt oder nicht. Vertraut Euren Gefühlen. Ihr müsst ihn innerlich willkommen heißen«, versuchte der schwarze Ritter, ihm Mut zu machen.

»Ich habe Angst vor dem, was ich erahne oder befürchte. Ich habe Angst davor zu hoffen und dann enttäuscht zu werden. Oh Gott!«, jammerte der Vater und wankte zurück in den Raum, um schluchzend auf einem Sessel niederzufallen.

»Was ist aus mir geworden, Gernod?«

Mit tränenüberströmtem Gesicht blickte er seinen Freund an. Diesen schmerzte es, seinen König so zu sehen. Leise antwortete er:

»Ihr seid ein König und gleichzeitig auch ein trauernder Vater. Das ist aus Euch geworden. Nicht mehr und nicht weniger. Ihr habt viel Leid erfahren in den letzten Wochen – als König und auch als Vater und Freund. Ihr seid zwar ein König, gleichwohl aber auch nur ein Mensch. Euer Herz schmerzt wie jedes andere auch. Gesteht Euch das zu, was Ihr den Menschen in Eurem Königreich in solch einer Situation ebenfalls zugestehen würdet. Lasst Milde mit Euch walten.«

Der schwarze Ritter berührte seinen König tröstend an der Schulter.

»Werdet Ihr mich jetzt verlassen?«, erkundigte sich Zito angstvoll.

Sein erster Ritter wich der Frage höflich aus.

»Majestät, es ist jetzt nicht die Zeit, sich mit Problemen zu befassen, die augenblicklich nicht von Bedeutung sind. Noch werde ich von Euch gebraucht und deshalb werde ich mich auf die Suche nach Ortwin begeben und ihn Euch zurückbringen. Das verspreche ich.«

Gernod verabschiedete sich mit einem Lächeln.

Zwei Tage vergingen. Ortwin schien vom Erdboden verschluckt zu sein. Der schwarze Ritter wurde innerlich unruhig. Egal, wo er suchte oder sich nach dem Königssohn erkundigte, niemand hatte ihn gesehen, geschweige denn etwas über seinen Verbleib zu sagen. Madeleine arbeitete hart, denn sie half dabei, die Armen und Verletzen zu versorgen, und gönnte sich nur wenig Ruhe. Trotzdem vergaß sie nicht, an Sebastian zu denken. Die Sorgen von Gernod hielten sie davon ab, Fragen zu ihrem Amulett zu stellen; so vermied sie es weiterhin anzusprechen, was ihr sehr auf dem Herzen lag. Aber dieser sonnige Nachmittag wollte es, dass sich der schwarze Ritter und Madeleine im Schlosshof unverhofft über den Weg liefen. Gernod war beglückt, umarmte Madeleine und unterbreitete ihr spontan einen Vorschlag.

»Meine liebe Madeleine, würdet Ihr mir die Ehre erweisen, mich auf meinem Ausritt zu begleiten? Ich bin immer noch auf der Suche nach Ortwin. In Eurer Gesellschaft kommen mir vielleicht neue Ideen, wo ich ihn finden könnte, und zudem hätten wir endlich mal wieder Zeit, uns in Ruhe zu unterhalten.«

»Oh, sehr gerne. Ihr ward so viel unterwegs und so rührig, dass ich Euch nicht belästigen wollte. Umso mehr freue ich mich jetzt auf einen gemeinsamen Ausritt«, erwiderte sie lächelnd.

»Wir treffen uns gleich am Schlosstor«, beschloss der schwarze Ritter.

Kurz darauf ritt Gernod stolz mit seiner Begleiterin aus dem Schlosshof heraus. Er mochte Madeleine, und je mehr er zusammen mit ihr erlebte, desto größer wurde sein Wunsch, ihr die Wahrheit zu offenbaren. Angeregt plauderten beide über Nichtigkeiten der letzten Tage und über die Möglichkeiten, wo Ortwin abgeblieben sein könnte. Ihre Fragen zu dem Amulett verkniff sie sich. Gernod hatte die Idee, weitere abgelegene Höfe nach Ortwin abzusuchen. Ihr Weg führte somit am alten Gasthaus vorbei. Von weitem nahm die junge Frau die Herberge schon wahr, zeigte mit ihrem Finger in die Richtung und sprach zu ihrem Begleiter:

»Vielleicht sollten wir hier nach Ortwin fragen.«

»Ich war vorgestern schon dort. Keiner konnte mir etwas zu Ortwin sagen oder einen brauchbaren Hinweis für meine Suche geben«, antwortete er bekümmert.

»Aber das war vorgestern. Hier kommen tagtäglich viele Leute vorbei oder nächtigen sogar. Da könnte es doch heute schon etwas Neues zu berichten geben. Oder wir müssen dorthin reiten, wo Rupert sein Hauptlager hatte. Ihr wisst doch bestimmt, wo das war«, sprudelte es aus ihr heraus.

»Das ist weit weg von hier, sehr weit sogar. Zu Fuß wäre Ortwin sicherlich zwei oder drei Tage unterwegs, wenn er sich nicht verläuft!«

»Vielleicht ist er ja gar nicht zu Fuß unterwegs. Er könnte in dem Durcheinander einfach ein Pferd gestohlen haben, ebenso wie Proviant. Alle Häuser waren unbeaufsichtigt. Er ist vielleicht gar nicht so hilflos und unbedarft unterwegs, wie wir bislang angenommen haben. Ihr sucht keinen Irren, sondern einen Besessenen. Das ist etwas anderes. Er hat mit Sicherheit ein Ziel, die Frage ist nur welches«, grübelte sie laut.

Der schwarze Ritter fand die Vermutungen nicht ganz abwegig. Aber mit Madeleine und ihrem Esel so weit weg vom Schloss zu reiten, missfiel ihm. Auch wenn seinem Mündel die Abenteuerlust förmlich in den Augen geschrieben stand, gab er zu bedenken:

»Eine kleine Reise zu Ruperts Hauptlager kann gefährlich sein, wir sollten nicht allein reiten. Lasst uns im Gasthaus nachfragen; falls wir dort keinen Hinweis erhalten, sehen wir weiter. Ortwin kann überall sein. Er wäre mit einem Pferd schnell von hier nach dort geeilt und zurück. Es stellt sich die Frage, wie klar sein Verstand jetzt ist.«

Sie bemerkte:

»Was würdet Ihr an seiner Stelle tun? Ihr kennt ihn besser als ich. Irrt er nur umher oder versteckt er sich? Schwört er Rache? Was wäre Euer Plan?«

Ritter Gernods Blick wurde starr, als sie nur noch einige Meter vom Gasthof entfernt waren. Er stoppte sein Ross und sagte mit kalter Stimme:

»Ich würde den Mörder meines Bruders suchen.«

Sein Blick verharrte auf einem schwarzen Hengst, der an der Tränke angebunden war. Madeleine zuckte zusammen. Ritter Gernod sah sie erschüttert an und stellte fest:

»Ihr hattet recht. Heute wird es mit Sicherheit etwas Neues zu berichten geben. Es ist *sein* Ross. Diesen kunstvoll gearbeiteten Sattel werde ich in meinem ganzen Leben nicht vergessen.«

Die junge Frau wurde unsicher, aber beschloss:

»Ich denke, wir sollten zum Gasthof reiten und reingehen. Ich dachte, er wäre weggeritten. Wenn Ihr richtigliegt, ist er in Gefahr.«

Ritter von Demian spürte ihre Verwirrung und nickte zustimmend, dennoch betonte er:

»Ihr habt etwas mit ihm zu besprechen, da bin ich mir sicher. Jedoch werdet Euren Grundsätzen nicht untreu. Vergesst nicht meine Worte und Warnungen. Ich selbst muss mich bei ihm bedanken. Vielleicht kann er uns wirklich weiterhelfen. Aber wenn Ihr es wünscht, könnt Ihr gern hier warten und ich gehe allein. Ich höre Euer Herz bis hier her schlagen. Vielleicht sollten wir einfach weiterreiten.«

»Nein, ich werde nicht vor dieser Begegnung davonlaufen. Ihr habt zwar gesagt, ich solle ihm nicht hinterherlaufen, aber jetzt ist er zurückgekommen. Soll ich nun so tun, als ob ich es nicht wüsste?«, erwiderte Madeleine.

Gernod zog es vor zu schweigen. Dass Sebastian ausgerechnet hier ihren Weg kreuzte, war kein Zufall. Ärger stieg langsam in ihm auf. So atmete er tief durch und versuchte, seine Wut in Vorsicht umzuwandeln. Beide näherten sich vorsichtig und voller Anspannung dem Gasthaus, stiegen von ihren Tieren ab und banden sie ebenfalls an der Tränke fest. Bevor sie in das Gasthaus eintraten, äußerte Madeleine:

»Sollte ich etwas Dummes begehen wollen, haltet mich zurück.«

»Dies gilt ebenso für Euch. Wobei meine Dummheit mit hoher Wahrscheinlichkeit anders aussehen würde als Eure.«

Mit diesen Worten drückte er die schwere Eingangstür des Gasthofes auf.

10

Gieselbund und Ekkehardt

Gieselbund und Ekkehardt pausierten auf einer Wiese in einem kleinen Innenhof des Schlosses. Beide hatten viel dazu beigetragen, das Königreich wiederaufzubauen und von Ruperts Schergen zu befreien. Den Kopf auf ihre zusammengeknäulten Hemden gebettet und die Arme hinter dem Kopf verschränkt, genossen sie erschöpft die warmen Strahlen der Herbstsonne auf ihrer Haut. Sie waren langjährige Freunde und stammten aus sogenannten guten Familien des Königreiches. Gieselbund von Steinfeld war Mitte zwanzig und entsprang adligem Hause. Seine Eltern handelten mit Stoffwaren und edlen Gewürzen aus fernen Ländern. Er war ein philosophisch angehauchter Mann, der es liebte, alles zu hinterfragen und zu erkunden, was die Welt für neugierige Augen sowie einen künstlerischen Geist zu bieten hatte. In Ekkehardts Kopf machte sich derweil Unruhe breit. Er nahm seine Hände nach vorne, spielte mit einem Grashalm und dachte dabei laut nach.

»Niemals hätte ich mir träumen lassen, dass wir in diesem Königreich einmal beim Wiederaufbau helfen müssen, nur, weil diese gierigen Söldner alles kaputt gemacht haben. Ich frage mich, wie lange das jetzt noch so weitergehen wird. Wir können doch nicht immer im Dienste des Königs bleiben; ich habe jedenfalls zu Hause viel, viel Arbeit, die auf mich wartet. Unsere Ländereien müssen vorbereitet werden.«

Ekkehardt Stieleisen war der Sohn eines einflussreichen Gutsherrn, der zum sogenannten Bauernadel gehörte. Oft hatte er daran gedacht, aus dem Königreich auszuwandern, den Hof zu verlassen und seinem Fernweh zu folgen. Sein Pflichtbewusstsein gegenüber der Familie hatte ihn allerdings immer davon abgehalten, diesen Schritt zu tun. Er zog es deshalb vor, seinem Freund Gieselbund zuzuhören, wenn dieser sich Welten zusammenträumte, die er in Gedichten auf Papier niederschrieb. Der Philosoph mit der lockigen blonden Mähne und einem feinen Bärtchen kaute müde auf einem Grashalm herum und gähnte, während er sprach:

»Wenn das der Preis dafür ist, dass ich noch am Leben sein darf, bezahle ich ihn gern. Wir haben dieses Massaker überlebt, liegen hier jetzt faul rum, haben Gutes getan – die Welt ist wieder schön. Ich sehe lachende Menschen und glückliche Kinder, die vor zwei Tagen keine Hoffnung mehr hatten, verängstigt waren und geweint haben. Das ist, was das Leben fühlbar macht. Die Extreme des Lebens zeigen uns, was wirklich wichtig ist im Leben. Willst du lieber wieder Heim und mit deinen rauen Händen Mehlsäcke zählen? Außerdem gibt es hier so hübsche Mädchen, wo wir wieder beim *fühlbaren Leben* wären. Genieße es doch.«

Der dunkelhaarige, braun gebrannte Gutsbesitzersohn drehte sich zu seinem Freund.

»Wir sind losgezogen, weil wir eine Vision hatten. Wir wollten die Welt kennenlernen und haben die Unruhen zum Anlass genommen, von zu Hause wegzugehen. Wir wollten helfen und nun sind wir hier hängengeblieben, aber was ist mit unserem Traum? Dir gefällt es hier, und ich, ich habe ein schlechtes Gewissen, wenn ich nicht nach Hause gehe, um bei der Arbeit zu helfen. Und ehrlich gesagt, reichen mir die Abenteuer bis jetzt schon. Wenn die Welt genauso aussieht, will ich sie gar nicht näher kennenlernen.«

Gieselbund setzte sich auf und atmete tief durch.

»Ist dir eigentlich klar, wie viel Glück wir hatten? Wir wollten unterstützen und sind mitten in das Gefecht geraten. Ich habe so etwas noch nie erlebt. Mittendrin! Im Gefecht! Ich habe mich verteidigt und dabei Menschen ermordet. Ich musste das erste Mal ein Schwert einsetzen; nicht nur bei einer Übung oder Vorstellung für Freunde. Und alles war ganz anders, als ich es mir vorgestellt habe. Die hasserfüllten Gesichter, die Kräfte, die aufeinanderprallten, die Schreie und die Angst … Es hätte uns, Gott weiß was, zustoßen können. Ich bin froh, dass das vorbei ist. Genieße diesen Moment und die Zeit hier. Morgen haben wir vielleicht andere Ideen und neue

Pläne. Du nimmst mir völlig die verdiente Ruhe. Lass doch das Leben einfach auf dich zukommen.«

»Ich muss hart für mein Geld arbeiten. Du und deine Familie seid Kaufleute, die arbeiten nicht, sondern handeln. Das ist was anderes. Bei uns wird jede starke Hand benötigt«, zischte Ekkehardt.

»Du bist ein freier Mann und kannst gehen, wenn es dir nicht gefällt. Ich bleibe und genieße diesen friedlichen Moment. Du weißt doch gar nicht, was du willst; die Welt kennenlernen, daheimbleiben, Säcke schleppen, Abenteuer erleben. Du bist jetzt gerade mal außerhalb eures Gutshofes und immer noch innerhalb von Hochbergen. Was soll das geben, wenn wir einmal wirklich weit wegreisen, ganz weit weg?«

Mit diesen Worten schaute er in den Himmel und beobachtete die vorbeifliegenden Vögel.

»Der König hat beide Söhne verloren. Er ist schwach, getroffen und in Trauer. Verstehst du, was ich meine? Er hat keinen Nachfolger …«

Der adlige, junge Mann fiel ihm ins Wort:

»Ich will davon nichts hören. Im Gegenteil, ich schäme mich fast dafür, dass du solche Ideen hast. Allerdings …«

Die schmalen Augen des Gutsbesitzersohnes fingen an zu funkeln, da er auf eine Idee von seinem Freund hoffte, und er hakte nach:

»Allerdings, was …?«

Der blonde Poet lehnte sich auf seinen Arm und flüsterte:

»… bin ich von edlem Blute. Wenn ich ihm beweisen würde, dass ich ein treuer und edler Nachfolger wäre, könnten wir sein Vertrauen gewinnen. Vielleicht würde ich dann König dieses Reiches werden. Er könnte mich adoptieren. Ich habe herausragende Eigenschaften und bin weltoffen. Meine Eltern hätten bestimmt nichts dagegen, die halten mich sowieso für einen Taugenichts – dabei bin ich grandios.«

Sein dunkelhaariger Freund winkte ab.

»Verdienst aber keine Goldmünze und liegst ihnen nur auf der Tasche. Wie viele Jahre soll das mit dem Vertrauen-Gewinnen dauern? Außerdem hat er viele Vertraute und vielleicht heiratet er ja sogar noch einmal. Dann hat er wieder Kinder. Aber der Gedanke, dich irgendwann als König zu haben, würde mir, glaube ich, gefallen. Schade, dass er keine Tochter hat, dann wäre es einfacher sich in die Familie einzuschleichen. Obwohl – wir wären dann Konkurrenten. Macht es nicht einfacher für mich.«

»Jedes Kind müsste zur Schule gehen, um Schreiben und Gedichte zu lernen. Die bevorzugte Lektüre wäre für den Unterricht: Die Leiden des jungen Gieselbund von Steinfeld«, träumte der Weltverbesserer laut.

»Du bist genauso irr wie der Sohn des Königs. Ich erkenne dich ja gar nicht wieder. Spüre ich hier einen kleinen Drang zur Macht? Ich bin doch sehr überrascht. Aber du weißt ja, was gemunkelt wird«, lachte sein dunkelhaariger Gefährte und gab ihm einen Klaps auf den Kopf.

»Was munkelt man denn?«

Ekkehardt stützte sich auf einen Ellenbogen und wisperte mit vorgehaltener Hand:

»Die junge Frau, die der König beherbergt, soll seine Tochter sein. Habe ich jedenfalls gehört.«

Der noch unbekannte Philosoph war empört.

»Spinner! Du hörst wirklich auf jeden Weibertratsch. Das ist eine angehende Nonne, der wir ja angeblich das ganze Durcheinander zu verdanken haben.«

Ekkehardt dachte kurz nach und schlug dann vor:

»Du kannst es ja herausfinden.«

»Finde es doch selbst heraus. Wenn sie dir gefällt, frag sie doch, ob sie nicht lieber dich nimmt, anstatt eine Braut Jesu zu werden«, lachte Gieselbund und rekelte sich erneut im Gras.

»Du könntest diesem Gerücht doch nachgehen. Ich bin da nicht so geschickt und wortgewandt. Tu jetzt nicht so, als wenn es dich nicht selbst interessieren würde«, versuchte der dunkelhaarige Mann seinen Freund zu ärgern.

Dieser aber hatte seine Augen geschlossen und murmelte:

»Wenn meine Pause vorbei ist, werde ich mal darüber nachdenken. Gönne mir doch jetzt einfach noch ein paar Minuten Ruhe.«

»In der Ruhe soll ja bekanntlich die Kraft liegen, die zur männlichen Stärke und inneren Entschlossenheit führt«, ertönte eine verführerische Frauenstimme.

Die beiden Männer schreckten hoch und zogen sich schnell die Hemden an. Es war ihnen peinlich, nur halbangezogen vor solch einer eleganten, schönen Frau im Gras gelümmelt zu haben.

»Verzeiht, edle Frau, wir wussten nicht um Eure Anwesenheit. Ich hoffe, unser unbedeutendes Geschwätz hat Eure Ohren nicht beleidigt«, entschuldigte sich Gieselbund mit einer Verbeugung und küsste ihre Hand.

Ekkehardt tat es ihm gleich.

»Hätte es denn meine Ohren beleidigen können?«, fragte die Dame nach.

Beide Herren zuckten entschuldigend die Schultern und schwiegen.

»Mein Name ist Giselda und ich schlendere nur selten diesen Weg entlang. Vielleicht sind mir deshalb so ansehnliche Männer, wie Ihr es seid, hier noch nie begegnet«, säuselte sie mit einem Augenaufschlag.

Ihre Kleidung war die einer Edelfrau und bei genauerem Hinsehen schien sie mindestens zwanzig Jahre jünger in ihrer Erscheinung zu sein, als sie es sonst tat – folglich nur geschmeidige zwanzig Jahre alt. Hinter der Hofmauer drängten sich Arfalla, Diadora und Hurlebaus. Diadora maulte:

»Eigentlich ist das ja meine Bestimmung. Was drängelt sie sich da so vor?«

Die Hexe des Zorns flüsterte:

»Leise. Wir haben nach langer Zeit endlich mal wieder einen Auftrag von unserem Meister erhalten, also lasst ihn uns nicht vermasseln. Du kannst zwar das eine, aber das andere eben nicht.«

Die Hexe der Wollust verschränkte beleidigt die Arme und wisperte zurück:

»Ach ja? Und was ist das andere, das ich nicht kann? Warum bin ich überhaupt dabei?«

Hurlebaus versuchte höflich zu erklären:

»Du kannst keine Beherrschung üben. Hier geht es darum, die beiden Herren zu weit mehr als körperlichen Dummheiten zu verführen, da muss man strategisch vorgehen. Verstehst du? Und du bist dabei, falls Giselda das eine dann doch nicht so gut kann wie du.«

Diadora grinste charmant und meinte:

»Der Blonde würde mir schon gefallen. Der ist so feingliedrig und sensibel. Aber der Dunkelhaarige hat einen durchtrainierten Körper und so viel Kraft in den Armen …«

»Denk nicht weiter darüber nach«, befahl Arfalla.

»Ein Künstler und Philosoph mit dem Herz am rechten Fleck. Eine echte Herausforderung, dieser blonde Edelmann – und wie er da vorhin so im Gras lag …«, schwärmte die Hexe der Wollust.

Die Oberhexe mahnte erneut:

»Lass es gut sein. Lenk dich ab und denk einfach ans Kartoffelschälen oder ... Hey, Hallo!«

Bevor sie ihre Belehrungen zu Ende führen konnte, war Diadora schon hinter der Mauer hervorgesprungen. Sie posierte ebenfalls aufreizend, allerdings in einem roten Kleid einer Zofe. Die Kopfbedeckung ließ sie in ihrer Hand baumeln. Mit der anderen Hand fuhr sie sich durch ihr lockiges, langes Haar und hauchte charmant:

»Ich grüße Euch, ihr edlen Männer. Darf ich mich denn zu Eurer kleinen Runde gesellen? Ich bin Diadora und fühle mich magisch angezogen, wenn Männer so stark, gescheit und feinfühlig sind, wie Ihr es seid. Aber ich spüre auch eine gewisse Wildheit, habe ich recht?«

Hurlebaus schlug die Hände vor ihr Gesicht und murrte:

»Ohhh, ich habe dir gleich gesagt, nimm sie nicht mit.«

»Es war Usgalmans Idee«, rechtfertigte sich Arfalla.

Genau in diesem Moment fragte sie sich, warum sie eigentlich auf ihn gehört hatte. Die kleine, dicke Hexe moserte:

»Du hörst doch sonst auch nicht auf ihn – wieso jetzt, wo doch klar war …«

»Pscht! Ich muss gucken, was da passiert«, unterbrach die Oberhexe das Gespräch.

Ekkehardt war sichtlich angetan von so viel Schönheit um ihn herum. Erwartungsvoll erkundigte er sich:

»Sind hinter dieser Mauer etwa noch mehr Schönheiten versteckt?«

Bevor er auch nur einen Schritt machen konnte, stellte sich ihm Giselda in den Weg und meinte:

»Ihr scheint mir ja ein ganz Wilder zu sein. Was haltet Ihr von einer kleinen Plauderei? Ich bin sehr an Euren Wünschen interessiert. Hattet Ihr nicht etwas von der Erkundung der Welt gesagt? Es war doch Euer Wunsch, weit zu reisen, oder? Ich bin schon sehr viel gereist und war weit hinter den Bergen des Königreiches. Ich bin sogar schon am Meer gewesen; wisst Ihr, wie wundervoll das aussieht?«

Ekkehardt schüttelte den Kopf. Nicht nur die Frau entfachte sein Interesse, sondern auch, was sie zu berichten hatte. Mit großen Augen nahm er ihre Hand und beide ließen sich auf der Wiese nieder. Er liebte Geschichten über ferne Orte und nun war endlich jemand da, der ihm aus eigener Erfahrung davon erzählen konnte. Er tippte aufgeregt seinen Freund an.

»Hör zu, Gieselbund. Du kannst sicher die Erfahrungen der teuren Giselda für deine Gedichte nutzen. Ist das nicht aufregend, Gieselbund?«

Diadora hatte den hübschen, jungen Mann bereits mit ihrem verführerischen Blick gefesselt. Sie tupfte sich demonstrativ mit ihrem Häubchen das Dekolleté ab und flötete dabei:

»Gieselbund. Das ist der schönste Name, den ich je gehört habe. Und er passt so gut zu Euch. Ob Ihr der Grund seid, weshalb mir plötzlich so unbändig heiß ist?«

Hurlebaus nahm beschämt ihren Hut vors Gesicht und murmelte zu Arfalla:

»Es ist sooo peinlich.«

»Und billig, aber es funktioniert. Also Ruhe!«, zischte diese zurück.

Entrückt versank der Poet in Diadoras Augen, während sie langsam ihre vollen roten Lippen auf seine schmiegte. Langsam glitten beide zu Boden. Giselda blickte Ekkehardt unschuldig an. Der war sichtlich irritiert, denn sein Freund schien keinerlei Interesse mehr an der Erkundung der Welt zu haben, jedenfalls im Augenblick. Die hübsche Frau lächelte ihn erwartungsvoll an.

»Die Sache mit den interessanten Geschichten können wir ja auf später verschieben, wenn es Euch recht ist«, sagte er nach einer kurzen Gedenkpause und drückte sie unwirsch auf die Wiese.

Arfalla und Hurlebaus saßen auf der Mauer und ließen gelangweilt ihre Beine baumeln.

»Der Hellste ist das nicht«, kommentierte die Oberhexe das Zögern von Ekkehardt.

Empört hob Hurlebaus ihren Zauberstab.

»Erhöhte Obacht! Nur weil der Mann nicht verdorben ist und Anstand hat, ist er nicht dumm.«

Arfalla schaute mitleidig zur Hexe der Trägheit.

»Er will sich in die Familie des Königs einschleichen, nennst du das Anstand? Und schau, wo er seine Finger hat. Gehört sich das für unverheiratete junge Menschen, die sich gerade erst kennengelernt haben, mhm? Sie sollten erst mal ein paar Worte wechseln und dann die Männer weglocken.«

Die kleine, dicke Hexe fand dafür nur drei niederschlagende Worte.

»Ich bin enttäuscht.«

»Ich auch.«

»Ich meine, das könnte jetzt dauern. Vielleicht sollten wir so lange ein Nickerchen machen?«, schlug die Hexe der Trägheit leise vor.

Die Oberhexe stützte das Kinn auf ihren Handrücken und sinnierte:

»Wieso habe ich das Gefühl, dass in letzter Zeit immer alles schiefgeht?«

»Noch ist nichts schiefgegangen. Sagen wir, es verzögert sich alles etwas. Auf jeden Fall bin ich froh, dass ich hier auf der Mauer sitze. Möchtest du ein Stück?«, kicherte die kleine, dicke Hexe und hielt der Oberhexe einen leuchtend roten Apfel entgegen, den sie gerade gezaubert hatte.

11

Gefährliche Freundschaft

Gernod und Madeleine traten in die Gaststube. Aus der Küche ertönte die Stimme der Wirtin namens Sybilla Stein.

»Ich grüße Euch, wer auch immer Ihr seid. Setzt Euch, ich bin gleich bei Euch.«

Madeleine sah sich um. Keine Spur von Sebastian oder sonst jemandem. Der schwarze Ritter schritt an den Tresen und trommelte ungeduldig mit seinen Fingern auf das Holz. Im gleichen Moment kam Sybilla aus der Küche und lachte Gernod entgegen.

»Gernod von Demian, wie schön Euch wiederzusehen. Heute habt Ihr Glück. Es könnte …«

»Da draußen steht ein Pferd. Sein Pferd. Wo ist Geradville?«, unterbrach er barsch.

Die Wirtin wischte den Tresen sauber und meinte:

»Er kam vor ein paar Minuten hier an. Ich hätte Euch schon noch eine Nachricht zukommen lassen, aber ich muss mich ja auch um die Küche und um meine Gäste kümmern, also schaut nicht so grimmig daher.«

»Und wo ist er jetzt?«

»Ihr seid so ungehalten. Ihr wolltet doch höflich sein und keine Dummheiten machen«, bemerkte Madeleine unruhig.

Die Wirtin warf ihren Wischlappen verärgert auf den Tresen.

»Verehrter Ritter, Sebastian Geradville ist mein Gast. Er hat erneut ein Zimmer gebucht. Ich pflege meine Gäste nicht zu fragen, wann sie wohin gehen und warum. Er wird auf seinem Zimmer sein und wenn er dort nicht ist, dann kann ich Euch nicht helfen. Er ist ein freier Mann und kann tun und lassen, was er möchte.«

»Und bis wann will er bleiben?«

Gernod ließ nicht locker.

»Das könnt Ihr ihn selbst fragen, sobald Ihr ihn antrefft. Zimmer dreizehn. Wollt Ihr etwas trinken oder essen? Ansonsten würde ich jetzt wieder in meine Küche gehen.«

Der schwarze Ritter sah aus dem Augenwinkel, dass Madeleine bereits die Treppe zu den Gästezimmern hochstieg.

»Wartet, wir gehen zusammen zu ihm«, rief er.

Aber die junge Frau war schon hinaufgeeilt, sodass Gernod nur noch hinterherhasten konnte. Sie schritt geradewegs zur Tür mit der Nummer dreizehn und klopfte energisch an. Ohne eine Antwort abzuwarten, trat sie ein. Das Zimmer war leer. Sofort bemerkte sie das geöffnete Fenster sowie den wehenden Vorhang. Der Aussicht folgend, fiel ihr Blick auf den Trampelpfad, der vom Innenhof aus in den Wald führte. Erinnerungen wurden in ihr wach. Der schwarze Ritter betrat wütend das Zimmer.

»Könnt Ihr nicht warten? Wir wollten keine Dummheiten begehen.«

Madeleine stand am Fenster. Plötzlich verspürte sie ein starkes Verlangen, noch einmal zu der Stelle zu gehen, an der sie sich Sebastian so nahe gefühlt hatte.

»Wehe, Ihr lauft mir noch einmal davon. Was gibt es da so Interessantes zu sehen?«, wunderte sich Gernod, schaute vorsichtig im Zimmer umher und lief ebenfalls zum Fenster.

»Wo ist er? Das Zimmer ist offen und er ist nicht da. Findet Ihr das nicht merkwürdig, Madeleine?«

»Ich glaube, ich weiß, wo Sebastian ist.«

Dem schwarzen Ritter gefiel ihr Gesichtsausdruck ganz und gar nicht. Er lächelte sie an und schlug vor:

»Lasst uns hier im Gasthof auf ihn warten. Er hat sein Zimmer nicht abgeschlossen und sein Pferd steht noch vor der Tür. Ich bin mir sicher, er ist nicht weit weg.«

Madeleine erinnerte sich an Gernods Worte, als sie am Gasthof angekommen waren, und so meinte sie besorgt:

»Vielleicht war Ortwin vor uns da und Sebastian ist etwas zugestoßen. Vielleicht liegt er hier irgendwo schwer verletzt oder Ortwin hält ihn fest.«

Gernod konnte sein Unverständnis nicht verbergen.

»Ihr meint ernsthaft, dass diesem Geschöpf etwas passieren könnte? Was soll das sein? Madeleine, er hat übermenschliche Kräfte, kann heilen, Gedanken lesen und was weiß ich noch alles. Er taucht auf wie ein Geist und verschwindet einfach wieder. Werdet endlich vernünftig, Madeleine.«

»Versprecht, dass Ihr hier auf mich wartet. Ich möchte ihn suchen – allein.«

»Vergesst diese absurde Idee gleich wieder!«, rief der Ritter.

»Ich komme sofort zurück, aber ich muss …«

»Nein, Madeleine!«, unterbrach er sie.

»Ritter von Demian, bitte …«

Der schwarze Ritter packte sie am Arm und zog sie vom Fenster weg.

»Wir sind auf der Suche nach Ortwin. Dass wir Sebastian hier treffen könnten, war nicht in unserem Plan. Warum wollt Ihr nicht einfach auf ihn warten, und zwar mit mir zusammen, anstatt ihn zu suchen? Keiner von uns wollte Dummheiten machen, doch Ihr seid gerade wieder dabei, eine zu begehen. Ich lasse Euch niemals mehr allein in seine Nähe, und solange ich nicht weiß, wo er sich hier rumtreibt, weicht Ihr nicht von meiner Seite! Habt Ihr das verstanden?«

Madeleine bemerkte den Schlüssel, der von innen in der Tür steckte. Ehe sich Gernod versah, schlug sie seine Hand von sich weg, sprang mitten über das Bett, sauste in Richtung Zimmerausgang, zog den Schlüssel ab und verriegelte von außen die Tür. Völlig überrascht von dieser Aktion, versuchte der schwarze Ritter sie noch zu ergreifen – leider ohne Erfolg. Verärgert konnte er nur noch an der Klinke der verschlossenen Tür rütteln und gegen das dicke, dunkle Holz klopfen.

»Es tut mir leid, Ritter. Ich bin bald wieder da!«, hörte er sie noch rufen, während er vernahm, wie sie die Treppe hinunterrannte, die knarrende Hintertür aufzog und über den Innenhof lief.

Bevor der schwarze Ritter jedoch noch zorniger über seine eigene Nachlässigkeit und Madeleines Dreistigkeit werden konnte, schloss jemand unerwartet die Tür wieder auf. Sebastian trat ein. Gernod war die Situation sichtlich unangenehm und so stammelte er:

»Ich weiß gar nicht, wie ich Euch das erklären soll. Nicht, dass Ihr denkt, ich …«

Der große, dunkelhaarige Mann sah ernst aus. Er schloss die Tür hinter sich und schob den schwarzen Ritter zum Fenster.

»Ich muss mit Euch reden, Ritter von Demian. Allein. Seht, Madeleine geht zu einem Ort, den ich einmal mit ihr zusammen besucht habe. Sie hofft, mich dort wiederzufinden. Zu viel ist passiert, deshalb möchte ich sie nicht wiedersehen.«

Er deutete auf den Pfad, der in den Wald führte. Gernod schaute dorthin und konnte gerade noch erkennen, wie Madeleine im Dickicht verschwand. Misstrauisch stand der schwarze Ritter Sebastian gegenüber. Der mysteriöse Mann sprach freundlich:

»Lasst uns in die Gaststube gehen. Madeleine wird bald wieder zurückkommen. Ich benötige Eure Hilfe, Gernod, und Ihr benötigt meine. Beide wollen wir

Madeleine beschützen. Ihr wollt sie vor mir beschützen, und ich … ich möchte sie vor mir beschützt wissen.«

Der schwarze Ritter sah Sebastian in die Augen. Er konnte selbst nicht fassen, dass er den Worten dieses Mannes auf einmal Glauben schenkte, deshalb nickte er wortlos und folgte ihm in die Gaststube. Die beiden Männer setzten sich an einen kleinen Tisch in der Ecke. Sebastian bestellte bei der Wirtin Wein und Wasser. Dabei betrachtete er aufmerksam Gernod, der den Blickkontakt vermied. Sybilla stellte die Getränke mit Kelch und Becher auf den Tisch. Schnippisch meinte sie zum Ritter:

»Oh, es scheint, dass Ihr Euren Freund gefunden habt?! Dafür ist Euer Mündel durch die Hintertür verschwunden.«

Die Männer schwiegen, bis sich die Wirtin wieder entfernt hatte. Gernod von Demian durchbrach die unangenehme Spannung.

»Ich möchte mich bei Euch bedanken, Sebastian von Geradville. Dafür, dass Ihr dreimal mein Leben gerettet habt. Ihr habt mich zweimal vor Ruperts tödlichem Stoß beschützt und dann meine schweren Wunden geheilt. Ihr wisst, dass es mir nicht leichtfällt, diese Worte an Euch zu richten. Aber ich stehe nun in Eurer Schuld; sollte ich Euch in irgendeiner Weise helfen können, werde ich dies tun.«

Als der schwarze Ritter diese Worte ausgesprochen hatte, befürchtete er, dass ihn dieses Versprechen noch lange verfolgen würde. Sebastian bemerkte dies und sprach ruhig:

»Es war mir eine Ehre, Ritter. Und würde ich wieder in diese Situation kommen, wäre meine Entscheidung genau dieselbe. Ich weiß, dass Ihr mich nicht besonders mögt, geschweige denn mir traut. Aber ich bin Euch mehr Freund, als Ihr es Euch selbst je gewesen seid. Ihr braucht keine Befürchtungen haben, dass Ihr jetzt in meiner Schuld steht. Das tut Ihr nicht; was ich für Euch getan habe, habe ich gerne getan. Es bedarf keiner Gegenleistung von Euch.«

Unerwartet entschlossen und eindringlich schaute er auf einmal Gernod an.

»Hört mir zu. Es gibt Situationen, die erscheinen anders, als sie in Wirklichkeit sind. Ich habe versprochen, für Madeleine da zu sein, und dieses Versprechen werde ich halten. Was sie allerdings tief in ihrem Herzen ersehnt, kann ich ihr nicht geben. Ich habe Angst um Madeleine und ihre Zukunft. Es liegt noch so viel vor ihr und sie wird eines Tages eine große Verantwortung tragen – noch nicht jetzt, aber sehr bald.«

Der schwarze Ritter wunderte sich.

»Was ist mit Euch geschehen? Ihr seid anders, als ich es von Euch gewohnt bin. Dass Ihr hier seid, ist doch kein Zufall. Habt Ihr auf uns gewartet?«

Er schaute Sebastian in die Augen, die strahlend blau den Blick erwiderten. Gernod beunruhigte die fehlende eisige Kälte, die er sonst gespürt hatte. Sein Gegenüber lächelte ihm zu.

»Ritter von Demian, ich weiß, dass ich nichts vor Euch verschleiern kann. Ihr glaubt zu wissen, wer oder was ich bin. Genauso glaube ich zu wissen, was Euer Herz begehrt. Wir können jetzt und hier alle Geheimnisse aus der Welt schaffen, wenn Ihr dazu bereit seid. Ich bin ein Teil dieser Welt; ich habe auch einen Regenten – genau wie Ihr. Nur dass ich eine andere Aufgabe zu erfüllen habe als Ihr. Mein Teil der Welt ist oft unsichtbar und den Sinnen der Menschen verborgen. Es ist meine Aufgabe, Madeleine vom rechten Weg abzubringen. Genau das werde ich auch weiterhin versuchen, da mache ich Euch nichts vor. Aber ich weiß, dass sie mir widerstehen wird – mit Eurer Hilfe. Ich hoffe auf Euch und Euren Mut. Ich kann in Euren Gedanken lesen, dass Ihr ersehnt, Madeleine als Königin dieses Reiches zu sehen, doch dafür muss auch sie bereit sein.«

Der schwarze Ritter atmete tief durch.

»Ihr habt etwas Teuflisches an Euch – jedenfalls benehmt Ihr Euch wie einer. Was erwartet Ihr nun von mir? Natürlich möchte ich Madeleine da sehen, wo sie hingehört. Dort wo ihr Platz ist.«

Sebastian schenkte Wein ein und drückte dem schwarzen Ritter den Becher in die Hand.

»Wenn Ihr tief in Euch hineinhört, dann wisst Ihr, dass auch ich ein Geheimnis habe ...«

»Ihr habt Euch verliebt«, stellte Gernod wie selbstverständlich fest.

Sein Gegenüber nickte stumm und erklärte:

»Ich muss Euch nicht sagen, was das für jemanden wie mich bedeutet. Ich muss mich entscheiden, Gernod, und ich habe mich entschieden, weil ich glaube, dass ich so Madeleine am besten helfen kann. Und weil es meine Berufung und damit meine Bestimmung ist. Ich werde das bleiben, was ich bin. Nicht mehr und nicht weniger. Ich werde ihr all die Versuchungen reichen, die sie schwächen könnten und somit für sie vorgesehen sind. Wenn sie stark genug ist und ihr Wille frei bleibt, wird sie das Richtige tun. Ich bewundere Euch für Euren Mut, Eure Hingabe und Eure Treue. Ich möchte, dass wir ehrlich miteinander umgehen und auf unsere Freundschaft trinken, denn ich kann Euch gut leiden.«

Gernod schüttelte den Kopf und schmunzelte verwirrt.

»Wie stellt Ihr Euch das vor? Ich meine, wie soll ich mir das vorstellen? Was weiß ich denn über Euch? Nichts. Gut, ich habe mir meine Gedanken gemacht und ein Urteil über Euch gefällt. Aber, Ihr seid doch nicht wirklich, ich meine … ich sage es zwar und eigentlich habe ich es auch so gemeint, aber …«

Sebastian zog eine Augenbraue hoch und betrachtete Gernod, wie er sich vor dem, was er eigentlich sagen wollte, versuchte herumzudrücken. So unterbrach er ihn in einem unheimlichen Tonfall:

»Ein Geschöpf der Hölle. Sprecht aus, was Ihr schon immer gedacht habt. Ihr habt recht und ich kann es nicht leugnen. Ihr habt von Anfang an gespürt, dass ich etwas bin, wovor Ihr Euch fürchtet. Sagen wir, ich bin eine Art Unheilbringer, ein Advokat des Teufels.«

Der Ritter schwieg. Seine Gedanken standen still. Er suchte nach Worten und letztendlich endete sein Suchen in einer Reihe von Fragen.

»Ihr erzählt mir, dass Ihr ein Geschöpf der Hölle seid, und ich soll Freundschaft mit Euch schließen? Nicht, dass ich mich nicht geehrt fühle, aber ... weshalb tut Ihr das? Ihr erwägt ernsthaft, dass ich einen Pakt mit dem Teufel schließe? Was habt Ihr davon? Wieso glaubt Ihr, dass ich das tun werde? Ihr sagt meiner Madeleine den Kampf an und wollt mit mir anstoßen?«

»Keinen Pakt und nicht mit dem Teufel. Trinkt mit mir auf unser gemeinsames Ziel – mit mir, Sebastian Geradville. Wir achten uns, wir sind ehrlich zueinander und wir wissen, dass wir demnächst gegeneinander kämpfen werden. Aber ohne Hinterlist und Heimtücke. Und ohne Schwert.«

Er hob seinen Becher, um anzustoßen. Gernod umklammerte fest sein Trinkgefäß, ohne es vom Tisch zu bewegen. Er sah seinem Gegenüber ungläubig ins Gesicht und meinte:

»Ihr macht mich wahnsinnig. Wie könnt Ihr von Freundschaft reden, wenn Ihr gar nicht wisst, was das ist? Ihr dient einem Herrn, den ich verachte. Wie könnte ich da eine Freundschaft mit Euch anstreben?«

Das Höllengeschöpf setzte seinen Becher enttäuscht wieder ab. Er zuckte mit den Schultern.

»Ihr seid nicht so viel anders, als ich es bin, Gernod. Jede biblische Todsünde steckt in einem Menschen. Die

Frage ist, wie man damit umgeht. Seid Ihr so rein im Gewissen und so selbstlos, wie es für die meisten Eurer Bekannten und Freunde aussieht? In Eurem Kopf gibt es nur ein Ziel. Ihr tut fast alles, um es zu erreichen – außer einen ganz bestimmten Schwur zu brechen. Ihr rechtfertigt das mit Treue, aber gleichzeitig wird dadurch zwei wichtigen Menschen die Wahrheit vorenthalten. Ist das ehrlich? Gebt Euch einen Ruck. Ein bisschen Geradville steckt auch in Euch und ein wenig Gernod in mir. Eigentlich wollen wir beide das Gleiche, wenn auch aus unterschiedlichen Gründen. Ich habe mein Leben für Eures riskiert, mal mehr, mal weniger, aber ich habe Euch gerettet. Warum hätte ich das tun sollen, wenn Ihr mir gleich gewesen wärt? Ohne Euch wäre Madeleine vielleicht schon die Meine und in Liebeskummer vergangen. Keine Predigten mehr, kein Verführen der Menschen auf die tugendhafte Seite des Lebens, kein Verzeihen von Gottes Gnade, nichts davon würde meinem Tun im Weg stehen. Mein Leben auf Erden wäre wahrlich einfacher. Aber Ihr fasziniert mich. Ich habe gelernt, dass auch gute Menschen viel mehr Geheimnisse und dunkle Seiten in sich tragen, als das Auge zu sehen vermag. Selten ist jemand ein so offenes Buch für mich, wie Ihr es seid, und trotzdem eine meiner größten Herausforderungen, weil Eure Absicht nicht verwerflich ist. Ihr wollt die Wahrheit Realität werden lassen, niemandem dabei wehtun, obwohl Ihr selbst sie nicht aussprechen wollt. Darin sind wir uns sehr ähnlich, jedenfalls, wenn es um Madeleine geht.«

Der schwarze Ritter konnte nicht widersprechen. Nach kurzem Zögern nahm er seinen Becher endlich hoch, prostete aber nicht gleich, sondern fragte:

»Woher soll ich wissen, dass Ihr es ernst meint?«

Sebastian nahm ebenfalls sein Trinkgefäß hoch und antwortete nachdenklich:

»Es gibt keine Garantie, bei niemandem. Jeder kann nur in seinen Möglichkeiten das Beste geben.«

Der schwarze Ritter kämpfte mit sich. Dann sahen sich beide intensiv an und Gernod prostete schweren Herzens:

»Auf Madeleine, auf unser gemeinsames Ziel und unsere … Ehre.«

»Und unsere Freundschaft!«, fügte der große, dunkelhaarige Mann hinzu.

Die Trinkgefäße schepperten und beide tranken in einem Zug leer. Während Sebastian einen erleichterten Eindruck machte, nagten die Zweifel an Gernod.

»Es fühlt sich gut an, Euch als Freund zu wissen. Ihr erinnert mich ein wenig an eine meiner Hexen. Sie würde Euch gefallen.«

Gernod lachte gequält auf:

»Das könnte Euch so passen. Ich muss mich erst einmal daran gewöhnen, einen Freund zu haben, der mein Feind ist.«

»Ihr werdet Euch daran gewöhnen, seid Euch dessen sicher.«

Nach einer kurzen Pause wurde Sebastian energisch.

»Jeder von uns trägt ein Geheimnis in sich, über das er nicht sprechen darf. Warum sagt Ihr Madeleine nicht, wer ich bin? Und ich sage Madeleine, wer sie ist und welche Rolle Ihr in ihrem Leben spielt. Ich habe dem König gegenüber keinen Schwur geleistet. Auf was wartet Ihr denn, Ritter? Ist der Preis bisher nicht hoch genug gewesen? Der König wird es niemals tun. Ihr seid der Einzige, der ihre Fragen beantworten kann. Tief in Eurem Innersten ist der Wunsch gewachsen, ihr zu sagen, wer sie ist. Aber wenn Ihr es nicht könnt, dann lasst es mich machen. Es wäre ein fairer Handel.«

Der schwarze Ritter fühlte sich zerrissen und stellte sich taub, dennoch gab der Mann mit der sanften Stimme nicht auf und versuchte weiter, Gehör zu finden.

»Es geht nicht mehr um den König oder Euren Schwur, es geht nur um Madeleine! Und die Wahrheit wird wehtun. Je länger Ihr wartet, desto mehr Zeit wird schwinden und desto schwerer wird es, gegen Euren Schwur zu handeln. Erlaubt mir, das zu erledigen, was Ihr Euch verbietet. Lasst mich Eure Seele erleichtern.«

Gernod von Demian fühlte sich in die Enge getrieben. Dies war weder der richtige Zeitpunkt noch der richtige Ort für ein solches Gespräch. Die Wirtin versuchte unterdessen, Gesprächshappen aufzuschnappen. Sie überspielte ihr gebanntes Zuhören, indem sie vor sich hin pfiff oder die Teller abtrocknete. Sebastian schwieg für einen Moment, dann flehte er den Ritter an:

»Gernod, ich bin Euer Freund. Ich habe alles getan, um Euch den Weg zu ebnen, damit Ihr endlich Euren Schwur brechen könnt. Dieser Schwur kann keine Gültigkeit haben, wenn er so viel Leid verursacht. Leid bei Menschen, die mit dem Schwur gar nichts zu tun haben. Wenn ich nicht Euer Freund wäre, hätte ich die Wahrheit schon lange aufgedeckt. Ich möchte dazu Eure Erlaubnis einholen, sonst zieht Euch dieser unsägliche Pfad irgendwann in einen noch tieferen Sumpf. Die Wahrheit wird am Ende auf brutale Weise an die Oberfläche dringen. Vielleicht auch dann erst, wenn es schon zu spät ist.«

Gernod schlug den Weinkelch vom Tisch und schrie dabei:

»*ER* muss es ihr sagen! Er ist ihr Vater. Das gebieten Ehre und Anstand. Das verlange ich von ihm! Dafür, dass ich dieses Geheimnis mit mir herumtragen musste und darunter gelitten habe wie kein anderer.«

Erschöpft nahm Gernod sein Gesicht zwischen die Hände und seufzte laut:

»Ihr bietet mir Eure Freundschaft an und jetzt droht Ihr mir.«

»Ich zeige Euch nur die Wahrheit, aber ich drohe Euch nicht. Ich bitte Euch. Stellt Euch vor, ich wäre nicht der, der ich bin, sondern ein langjähriger Freund. Was würdet Ihr diesem sagen, wenn er Euch das gesagt hätte, was ich gesagt habe? Was, Gernod?«

Der Ritter flüsterte:

»Ich würde ihm recht geben, vielleicht sogar seinen Ratschlag befolgen. Aber Ihr seid kein langjähriger Freund.«

Die Wirtin eilte herbei, um die Scherben aufzulesen und den verschütteten Wein aufzuwischen. Tröstend strich sie dem Ritter über die Schulter. In dem Moment, in dem sie ihren Kopf hob, ertönte Sebastians Stimme fordernd:

»Was wisst Ihr über eine gewisse Magdalena Miegham?«

Sie stellte sich aufrecht, dachte einen Augenblick nach und murmelte dann:

»Oh, das ist schon lange her.«

»Denkt nach. Ihr habt das Richtige gedacht. In Eurem Gasthaus wird viel geredet. Was erzählte man sich damals über diese junge Frau?«

Die Wirtin wischte ihre Hände an der Schürze ab, während ihr Blick zu Gernod wanderte.

»Könnt Ihr da nicht mehr zu erzählen?«, stellte sie die Frage an den Ritter.

Dieser ergriff Sebastians gefüllten Weinbecher und leerte ihn in einem Zug. Sybilla schaute zwischen den Beteiligten hin und her. Dann holte sie einen neuen Krug Wein für ihn, den sie erbost vor ihm auf den Tisch knallte.

»Ertränkt Euch darin, wenn Ihr die Geschichten nicht hören wollt«, schlug sie dem sichtlich genervten schwarzen Ritter vor.

Sie zog sich einen Stuhl herbei und setzte sich zu den Männern an den Tisch.

»Magdalena Miegham. Lasst mich überlegen. Sie war ein sehr hübsches Mädchen. Ihre Familie hat heute noch den Weberstand auf dem Markt. Der Bruder von Magdalena führt heute hauptsächlich die Geschäfte. Na ja, wie soll ich es sagen? So richtig wusste man nichts über sie, aber man munkelte, dass sie sich damals in einen sehr attraktiven Ritter verliebt haben soll. Hinter vorgehaltener Hand wurde so einiges erzählt, weil man ja irgendwie nichts Genaues wusste. Man konnte den Mann gar nicht richtig zuordnen. Sie hatte ja als Marktfrau mit vielen Leuten zu tun und die Liebe wurde eher im Verborgenen gelebt. Sie war jung und der Ritter schon etwas älter. Ihr Vater soll von dieser Liebelei gar nicht begeistert gewesen sein – ein einfaches Mädchen und ein ehrwürdiger Ritter. Da trafen doch zwei Welten aufeinander.«

Gernod goss Wein in seinen Becher.

»Auf die Wahrheit und die vielen Schandmäuler, die nichts gesehen haben, aber alles wissen«, prostete er sich wütend selbst zu.

Wieder leerte er das Gefäß in einem Zug. Die Wirtin sah ihn mitleidig an, meinte dann aber vorwurfsvoll:

»Ich habe im Keller ein ganzes Fass stehen, da könnt Ihr Euren Kopf reinstecken, wenn Ihr wollt.«

Sebastian schien amüsiert und forderte:

»Erzählt weiter, Wirtin. Wer war denn der Ritter?«

Sie zeigte mit dem Finger unter dem Tisch auf Gernod und flüsterte:

»Man tuschelte zunächst, dass ihr Geliebter der schwarze Ritter gewesen sei, aber dann wurde die

Gerüchteküche bösartig. Einige mutmaßten, dass Magdalena die heimliche Geliebte des Königs war. Jeder konnte sehen, dass er und sie auf dem Markt sehr auffällig *›unauffällig‹* miteinander umgingen. Und ein Blinder mit Krückstock hätte spüren können, dass der König die junge Frau gerne ansah, und sie ihn übrigens auch.«

Der schwarze Ritter biss die Zähne aufeinander. Die Worte von Sybilla wurden in seinem Kopf wieder zu lebendigen Bildern. Die Wirtin fasste unterstützend seine Hand und fuhr mit der Geschichte fort.

»Irgendwann war Magdalena dann wohl schwanger geworden. Man sah sie lange nicht mehr aus dem Haus kommen oder auf dem Marktplatz beim Weberstand. Eines Tages hieß es, dass sie bei der Geburt ihres Kindes gestorben sei. Auch das Kind war verstorben. Eine schlimme Geschichte und eine traurige für den armen Ritter.«

Sebastian sah sie durchdringend an und fragte:

»Und das war alles, was man sich erzählte?«

Sybilla fühlte sich von seinen kalten Augen durchbohrt, erwiderte jedoch keck:

»Ja, das war alles. Was soll denn noch gewesen sein? Wenn Ihr mehr wissen wollt, kann Euch wahrscheinlich nur Gernod weiterhelfen.«

»Das Kind ist nicht gestorben, Sybilla. Es war am Leben, aber es hatte trotzdem kein Zuhause«, gab der Ritter gequält kund.

Ein seltsames Pferdegewieher und Schnauben zog die Aufmerksamkeit der Anwesenden zum Fenster.

Gernod fühlte sich elend; ihm war schwindelig vom Wein und den alten Geschichten, die ihn fortwährend quälten. Sein Verstand war allerdings noch klar genug, um eine Gefahr zu vernehmen. Er forderte die Wirtin leise auf:

»Geht langsam und unauffällig in die Küche, Sybilla. Tut, was ich Euch sage.«

Die Wirtin schwieg und tat, was ihr gesagt wurde. Gernod stand langsam auf und führte die Hand zum Griff seines Schwertes.

»Sebastian, Ihr seid vielleicht in Gefahr. Ortwin könnte auf die Idee kommen, sich an uns wegen dem Tod seines Bruders zu rächen.«

Sebastian staunte und beschwichtigte:

»Ritter Gernod von Demian, Ihr habt doch nicht etwa Angst – *um mich*? Ich bitte Euch …«

Der schwarze Ritter schlich zur Tür und bemerkte einen Schatten am Fenster. Gerade als Sebastian sich erheben wollte, um seinem Freund zu folgen, zersplitterte die Scheibe mit lautem Klirren und ein Stein kugelte über den Boden. Gernod nahm, um sich vor den Scherben zu schützen, seinen Arm vors Gesicht, während sich Sybilla vor Schreck hinter den Tresen duckte. Im selben Moment zischte ein surrender Pfeil hindurch. Der Ritter konnte der gefährlichen Botschaft, deren Ziel eindeutig Sebastian war, nur noch hinterhersehen. Dieser fing den Pfeil mit seiner Hand, bevor er sich in seine Brust bohren konnte. Jetzt war Ortwin am Fenster zu erkennen. Wieder spannte er den Bogen und schrie:

»Ihr werdet für das büßen, was Ihr meiner Familie angetan habt!«

Der schwarze Ritter wollte gerade zur Tür hinauseilen, um den Königssohn zur Vernunft zu bringen, aber Sebastian stoppte ihn.

»Bleibt hier! Bringt Euch nicht in Gefahr!«

Ortwin spannte die Sehne des Bogens weiter durch und zielte erneut auf den Mörder seines Bruders. Sebastian Geradville schritt langsam auf den Rächer zu und drohte:

»Euer Bruder wusste bis zum Schluss nicht, mit wem er sich angelegt hatte. Aber als er mir in die Augen sah, erkannte er, dass er diesen Kampf nie hätte gewinnen können. Macht nicht den gleichen Fehler, junger Freund. Schaut mir tief in die Augen und erkennt Euren wahren Gegner, bevor Ihr eine Dummheit begeht. Jedes Leid, das Ihr versucht, mir zuzufügen, wird Euch selbst mehrfach widerfahren. Mich kann man nicht bezwingen, aber man kann mir wohl widerstehen. Fragt Euren schwarzen Ritter. Er weiß, wie man mit den Mächten des Bösen umgeht. Er weiß, wie es endet, wenn man mich herausfordert.«

Ortwin hielt kurz inne, lockerte die Spannung des Bogens und schien unsicher zu werden. Er stammelte verzweifelt:

»Ihr seid schuld. Nur Ihr … und Eure Hexen. Ihr tragt die Schuld an allem, was hier passiert ist. Nur wegen Euch ist mein Bruder tot.«

Gernod entschloss sich, an die Tür und dann nach draußen zu schleichen. In diesem Moment schrie der Königssohn:

»Ihr habt es verdient zu sterben, Geradville!«

Erneut zielte er auf Sebastian und zog den Pfeil durch. Gernod wollte Ortwin den Bogen gerade entreißen, da drehte der Verwirrte sich blitzschnell um und richtete diesen gegen ihn. Der schwarze Ritter sprach auf ihn ein:

»Junge, leg deinen Bogen nieder. Niemand wird dir etwas antun. Dein Vater wartet sehnsüchtig auf deine Rückkehr. Mach nicht alles noch schlimmer.«

»Verschwindet, alter Narr! Das ist etwas zwischen ihm und mir. Haltet Euch da raus! Und bleibt da stehen, wo Ihr seid.«

Die Augen des Königssohnes weiteten sich plötzlich. Völlig außer sich kreischte er:

»Wo ist er hin? Wieso ist er weg? Ich will, dass er zurückkommt!«

Dabei fuchtelte er wild mit seinem Bogen umher und schlug wütend gegen den Fensterrahmen. Diese Chance ließ der Ritter sich nicht entgehen, rang Ortwin zu Boden und riss die Waffe an sich. Jammernd und weinend saß der Königssohn auf dem Boden. Gernod packte ihn an der Schulter und zog ihn hoch.

»Wir gehen jetzt nach Hause, Ortwin. Dein Vater macht sich Sorgen.«

Dabei sah er ihn an und klopfte ihm freundschaftlich auf die Schulter, ganz so, als ob dieser Zwischenfall nur ein dummer Jungenstreich gewesen wäre. Zu froh war er darüber, dass er ihn lebendig und wohlauf gefunden hatte. Der Vertraute des Königs bemerkte, wie Sybilla aus dem Gasthof trat und auf sie zulief. Die Wirtin wollte mitteilen, dass Sebastian Geradville aus der Hintertür verschwunden war. Bevor sich der Ritter jedoch versah, war der Königssohn an ihm vorbeigeschlichen, schubste die heraneilende Sybilla mit enormer Wucht gegen den Ritter und brachte so beide zu Fall.

Gernod konnte die robuste Frau nicht halten, und so versuchte er, sie im Fallen aufzufangen und gleichzeitig, auf Grund des Gewichtes, auch von sich wegzudrücken. Ortwin warf ihnen noch eine Handvoll Erde ins Gesicht, entriss dem Ritter den Bogen und lachte dann darüber, wie beide am Boden lagen und sich den Dreck aus dem Gesicht strichen. Wie besessen rannte der Königssohn zu den Pferden, schnappte sich den Hengst von Sebastian und schwang sich in den Sattel. Der schwarze Ritter hatte sich bereits aufgerappelt und versuchte nun, in die Zügel des fliehenden Reiters zu greifen, während er sich noch den Dreck aus den Augen rieb. Mit nur einem Tritt entledigte sich Ortwin seines Angreifers und galoppierte davon. Der Ritter rief aufgebracht:

»Bleib hier. Du hast *sein* Pferd. Du wirst es nicht beherrschen können. Es wird dich direkt in die Hölle bringen. Komm verdammt noch mal zurück!«

Er stapfte zurück zu Sybilla, hob dabei einige der Pfeile auf, die beim Handgemenge aus Ortwins Köcher gefallen waren, zerbrach sie zornig über seinem Oberschenkel und warf sie auf die Erde. Grummelnd half er Sybilla aufzustehen und verkündete:

»Ich werde ihm folgen! Sagt Sebastian Geradville, dass er hierbleiben soll, um auf Madeleine aufzupassen, wenn sie zurückkehrt.«

Die Wirtin schüttelte den Sand aus ihrem Kleid.

»Der Fremde ist weg«, offenbarte sie ihm.

Der schwarze Ritter war irritiert.

»Was heißt weg? Wohin denn?«

»Na, weg eben. Er ist durch die Hintertür verschwunden, während Ihr dabei wart, Ortwin zu überwältigen.«

Gernod rannte zu seinem Pferd, sprang auf und rief:

»Ich komme wieder zurück. Euer Gast soll auf mich warten, wenn er zurückkehrt, genau wie Madeleine. Gebt auf sie Acht, sobald beide wieder da sind, Wirtin.«

»Aber vielleicht bringt das Pferd Ortwin ja wieder zurück. Bleibt lieber in der Nähe des Fremden und lasst Euch von ihm helfen, Ritter Gernod«, versuchte sie ihn zu überreden.

»Wenn er mir helfen will, dann bestimmt nicht dadurch, dass er einfach verschwindet. Ortwin ist in Gefahr und ich darf seine Spur nicht verlieren.«

Der schwarze Ritter trieb Hamilton an und folgte dem Königssohn.

12

Hurlebaus' Eingebung

Gieselbund von Steinfeld und Ekkehardt Stieleisen saßen vergnügt kichernd neben den schönen Frauen auf der Wiese im Schlosshof. Giselda frohlockte:

»Verehrter Ekkehardt, was haltet Ihr von einem kleinen Spaziergang? Ihr wolltet doch schon immer die Welt kennenlernen. Fangen wir in Hochbergen an. Hier gibt es ganz wundervolle Stellen. Ich habe gehört, im Fluss Tar soll ein Schatz begraben liegen und nur wahrlich reine Seelen könnten ihn sehen und bergen. Habt Ihr schon von dieser Geschichte gehört?«

»Aber das ist doch nur eine Sage. Außerdem ist die Stelle, an der das Gold liegen soll, umgeben von Stromschnellen. Selbst wenn er dort wirklich wäre, könnte ihn niemand heraufholen, ohne von den Schnellen in die Tiefe gezogen zu werden«, erwiderte Ekkehardt heiter.

»Aber stellt Euch vor, wir könnten ihn bergen. Ihr hättet genügend Gold, um die ganze Welt zu bereisen, ganz ohne schlechtes Gewissen und Geldnot. Ich würde natürlich gerne mitkommen, wenn Ihr nichts dagegen habt. Und wo Ihr doch so stark seid, ist es für Euch bestimmt ein Leichtes, in den Stromschnellen zu tauchen. Ich bin mir da ganz sicher«, ließ die Hexe der Falschheit ihre Träume laut werden.

Der Gutsbesitzersohn fühlte sich sichtlich geschmeichelt.

Gieselbund lächelte.

»Verehrte Dame, Ihr beliebt wohl zu scherzen. Es ist wirklich nur ein Märchen, eine Sage, eine Erzählung aus der alten Zeit. Ihr glaubt das doch nicht wirklich, was Ihr da gerade gesagt habt, oder?«, mischte er sich in das Gespräch ein.

Giselda schaute etwas pikiert drein und meinte:

»Man sagt, es sei nur eine Sage, aber woher will man das wissen, wenn noch keiner danach getaucht ist?«

Beide Männer schauten sich an und lachten laut auf. Jedoch verstummten sie schlagartig wieder, als Giselda in ihrer Hand drei kleine Goldklumpen in der Größe eines Apfelkerns hin und her rollen ließ. Sie fing an zu singen:

»Die Stromschnellen verbergen den Schatz des Tar.
Der ist dort verborgen seit Tag und Jahr.
Doch nur die wahre Liebe wird ihn sichtbar machen.
Ein Kuss muss dafür das Feuer entfachen.
Niemand weiß so recht, was damals geschah,
wer den Schatz verbarg für ein besonderes Paar.

Auf zwei verliebte Seelen soll er seine Hoffnung legen,
und wird ihnen schenken Glück, Reichtum und seinen
Segen.«

Sie blinzelte den beiden Männern zu und erklärte:

»Die habe ich am Ufer gefunden. Immer mal einen. Jetzt habe ich schon drei. Wo diese angespült worden sind, ist die Wahrscheinlichkeit doch recht hoch, dass dort auch der Schatz liegt, oder? Ihr seid stark und reinen Herzens, Ekkehardt. Außerdem gefallt Ihr mir – und ich glaube, ich Euch auch. Wir sollten es auf einen Versuch ankommen lassen. Gemeinsam sehen wir vielleicht den Schatz, und Ihr seid doch wahrlich kräftig genug, um in den Stromschnellen zu schwimmen und zu tauchen«, säuselte die Hexe der Falschheit und strich mit ihren Fingern derweil über Ekkehards Oberarm.

Gieselbund ließ von Diadora ab, ergriff Giseldas Hand mit dem Gold und bestaunte es.

»Ich kann das nicht glauben. Wo habt Ihr diese drei Schönheiten wirklich her?«

Diadora schmiegte sich an den blonden Mann und sprach:

»Wir haben lange gesucht, bis wir die richtigen Männer gefunden haben, die ehrlich lieben können und uns so gut gefallen, wie Ihr beiden es gerade tut. Ihr seid so vertrauensvoll, ehrlich und gleichwohl gescheit. Wenn Ihr uns helft, könnten wir alle vier sehr reich werden.«

Gieselbund blickte in die verführerischen Augen der Hexe und überlegte. Dann sah er mit einem Augenzwinkern zu seinem Freund.

»Was meinst du, sollen wir es versuchen?«

Ekkehardt zuckte die Schultern und schaute treu zu Giselda, während er sich am Kinn kratzte.

»Muss ich Euch denn heiraten, wenn wir den Schatz finden?«

Die Hexe der Falschheit hauchte in sein Ohr:

»Aber Ekkehardt, wir können den Schatz doch nur sehen, wenn wir uns aufrichtig lieben. Und sollten wir füreinander bestimmt sein, werden wir ihn entdecken. Ihr seid ein schlimmer Finger und es ziemt sich überhaupt nicht, einfach so mit einer Dame zu turteln. Eigentlich für eine Dame ebenfalls nicht. Wir sind uns da doch schon recht ähnlich. Wild und ungestüm und doch so … treu und ehrlich. Da ist doch nicht die Frage, ob Ihr mich heiraten müsst, sondern ob Ihr es möchtet. Und, möchtet Ihr?«

Liebevoll strich sie mit ihren langen Fingernägeln über sein Kinn. Verlegen kratzte sich der dunkelhaarige Mann am Ohr.

»Kann sein.«

»Und sie wird noch nicht mal rot«, gähnte Hurlebaus empört auf der Mauer und lehnte sich gegen Arfalla, die angespannt das Schauspiel verfolgte.

Gieselbund sprang auf und rief begeistert:

»Lasst uns einfach an den Tar spazieren und sehen, welche Überraschung er für uns bereithält. Falls diese

Damen die Auserwählten für uns sind, wird es uns der Fluss schon zeigen.«

Diadora hüpfte gut gelaunt auf, packte seine Hand und zog in eilig hinter sich her.

»Auf zum Tar!«

Giselda konnte sehr wohl heraushören, dass der junge Poet nicht ganz ernst meinte, was er da sagte, aber er war auf dem Weg zum Tar, und das sollte erst einmal genügen. Ekkehardt schlug derweil unbeholfen vor:

»Wir könnten ja folgen. Vielleicht sind ja auch wir füreinander bestimmt.«

Giselda nahm seine Hand und tätschelte ihn liebevoll.

»Ekkehardt, Ihr seid so ein Teufelskerl und ahnt, was eine junge Frau begehrt. Ja, lasst uns hinterherlaufen und sehen, was das Schicksal für uns bereithält.«

Arfalla und Hurlebaus beobachteten von ihrer Mauer aus die Turtelnden, wie sie zum Fluss eilten. Die kleine Hexe verkündete:

»Das scheint ja wirklich harmonisch zwischen Diadora und Giselda zu funktionieren.«

Arfalla fügte skeptisch hinzu:

»Ich glaube das erst, wenn wir unser Ziel erreicht haben. Der Weg dorthin ist weit und es kann noch viel Unvorhergesehenes bis dahin passieren.«

»Kannst du dir denken, weshalb wir das hier machen sollen? Stell dir vor, die finden wirklich einen Schatz, dann hätten die Männer Gold genug, um sich ihren Traum zu erfüllen. Ich finde, das ist eine äußerst gute Tat. Passt das denn zu uns?«, überlegte Hurlebaus laut.

Die Hexe des Zorns stellte sich auf und beobachtete mit böse blickenden Augen den Horizont.

»Was ist, gibst du mir keine Antwort mehr? Darfst du es nicht sagen, willst du es nicht sagen oder weißt du auch nicht, warum wir das hier als Team vollbringen sollen. Früher durfte jede von uns machen, was sie wollte. Hauptsache, die Ergebnisse stimmten. Warum denn jetzt nicht mehr?«, fragte sie nach.

Die Oberhexe antwortete emotionslos:

»Ich glaube zu wissen, was wir hier tun. Aber die Zeiten, Hurlebaus, in denen ich den Weg und die Absicht unseres Meisters sicher kannte, sind vorbei. Aus unerfindlichen Gründen sollen wir den beiden zu Reichtum verhelfen. Und so wie es scheint, sind sie ja auch offen dafür. Und auch dafür, sich in die Familie des Königs einzuschleichen.«

Hurlebaus rieb sich nachdenklich die Nase und bemerkte:

»Irgendwie scheint mir das mit dem Schatz aber trotzdem eine gute Tat zu sein, oder?«

»Nicht, wenn sie dafür teuer bezahlen müssen.«

Die kleine, dicke Zauberin wuchtete stöhnend ihren Körper in eine stehende Position. Arfalla schaute sie von oben herab an. Hurlebaus bemerkte dies sehr wohl und nahm es gleich zum Anlass, noch ein paar Worte an sie zu richten.

»Weißt du, irgendwie habe ich das Gefühl, dass wir einfach nur beschäftigt werden. Besonders du, Arfalla. Es könnte Sinn machen, aber … es könnte auch keinen Sinn machen, was wir hier tun. Was glaubst du denn? Meinst du, dass er wirklich wieder ganz bei uns ist? Ob dies alles noch mit unserer Madeleine zu tun hat?«

Arfalla beugte sich zur Hexe der Trägheit hinunter.

»Warum muss alles, was wir machen, irgendwie mit Madeleine zu tun haben? Früher haben wir uns um alle Menschen gleichermaßen gekümmert und sie verführt, ohne Plan und Strategie. So wie es kam, so kam es, und wir hatten unseren Spaß, haben darüber gelacht und uns dem nächsten schwachen Geschöpf zugewandt.«

Hurlebaus schwang mahnend mit dem Zeigefinger und sprach:

»Du bist unzufrieden und lässt das gerade an mir aus. In deinem Kopf, Arfalla, dreht sich alles um Madeleine, mehr als bei jeder anderen von uns. Vielleicht werden wirklich nur die beiden Jünglinge verführt. Genau das wollte ich ja von dir wissen. Aber deine Gedanken kreisen um Usgalman und Madeleine. Du kannst ihm nicht mehr helfen, als du es getan hast. Allerdings bist du ihm gedanklich sehr nahe, wenn aus deinem Kopf Madeleine nicht zu verbannen ist, dann …«

Sie schwieg für einen Moment, um vorsichtig hinzuzufügen:

»… ist es bei ihm wohl genauso. Jetzt wo er so unter Beobachtung steht, muss er das Problem allein lösen, denn es ist seines. Nur seines …«

»Nein, auch unseres!«, unterbrach sie die Oberhexe jäh.

Ruhig, aber bestimmt, widersprach die kleine Hexe:

»Oh nein, Arfalla. Es ist seines, denn wir haben ihm nur zu gehorchen. Dass wir uns an der einen oder anderen Stelle eingemischt haben, war wahrscheinlich noch nicht einmal hilfreich. Wenn Borugmanal ihn absetzt oder gar tötet, weil er ihn für nicht mehr würdig erachtet, müssen wir uns damit abfinden. Es wird ein neues Höllengeschöpf kommen, ein neuer Meister. Das ist nicht schön, aber die Ordnung will es so. Du traust ihm doch gar nicht. Ich sehe es dir an – dir fehlt die Gelassenheit, die du früher hattest. Wir alle sind nur noch mit Madeleine beschäftigt oder damit Usgalman vor sich selbst zu beschützen. Das ist nicht mehr das Höllenreich, das wir einmal hatten. Und besonders du riskierst eine Menge. Prüfe dich, Arfalla. Prüfe deine Beweggründe. Geht es dir wirklich um unser Reich oder um Usgalman? Vielleicht schwingt ja ein Hauch von Eifersucht in deinen Handlungen mit, weil er sich ihr mehr widmet als uns … oder dir. Wer eifersüchtig ist, der liebt.«

Die kleine Hexe stolperte über ihren eigenen Gedankengang, denn sie konnte es selbst nicht fassen, was sie da gerade ausgesprochen hatte. Langsam drehte sie ihren Kopf zu Arfalla und hob erleuchtet den Zeigefinger.

»Tadaaa! Ist es das? Liebst du ihn? So richtig doll?«

Die Kulleraugen der Hexe der Trägheit leuchteten vor Begeisterung und sahen die Oberhexe erwartungsvoll an.

»Schweig! Lass uns nachsehen, was unsere zwei Todsünden vollbringen. Ich will einfach nur, dass sich nichts ändert«, zischte die Hexe des Zorns, verwandelte sich in einen Raben und flog davon.

Die kleine Hexe zupfte ihren Hut zurecht und wusste genau, dass sie einen Funken Wahrheit ans Licht gebracht hatte. Der Gedanke, dass es etwas wie Liebe im Höllenreich gab, gefiel ihr sehr. Sie verhexte sich in einen pummeligen Spatz und folgte der Oberhexe. Unerwartet, und völlig von Panik getrieben, befahl Arfalla:

»Folge Diadora und Giselda. Ich komme in Kürze zurück.«

Mit zwei heftigen Flügelschlägen beschleunigte der Rabe und drehte in Windeseile ab. Hurlebaus rief verdutzt hinterher:

»Warte, was hast du vor?«

Die Oberhexe flog unbeirrt ihres Weges.

13

Sebastian nimmt Abschied

Es war Abend geworden. Der blaue Himmel färbte sich langsam in ein leuchtendes Orange um, das die untergehende Sonne begleitete. Madeleine wartete immer noch und spazierte auf der Lichtung umher. Ihre Gedanken kreisten um das, was geschehen war. Sie hätte geschworen, dass er hier sein würde. Aber sie hatte sich getäuscht und entschied, dass es besser war, zum Gasthof zurückzugehen.

»Madeleine, bleibt hier«, rief eine lang ersehnte Stimme nach ihr.

Sie drehte sich um. Sebastian stand stolz und elegant, gehüllt in seinen langen Umhang, vor ihr. In diesem lang ersehnten Augenblick fehlten ihr die Worte. Alles, was sie sich für ein klärendes Gespräch zurechtgelegt hatte, war weg. Sie blieb starr und schweigend vor ihm stehen. Zu gut konnte sie sich noch an die letzte Begegnung und den herzlosen Abschied erinnern, der sie davon abhielt, ihn anzulächeln oder gar zu umarmen. Er lächelte sanft und sagte:

»Ich weiß, ich war nicht sehr galant zu Euch. Was Ihr gerade gedacht habt, steht Euch förmlich ins Gesicht geschrieben. Wollen wir uns nicht setzen? Ich muss Euch etwas sagen, etwas, dass ich Euch schon lange hätte sagen sollen.«

Er machte eine einladende Handbewegung und offerierte ihr, sich mit ihm auf den am Boden liegenden Holzstamm zu setzen, auf dem sie beide schon einmal gesessen hatten, um sich am Feuer zu wärmen. Madeleine setzte sich widerwillig zu ihm. Schweigend saßen beide nebeneinander. Madeleine konnte das nicht lange ertragen. Gerade als sie sich Sebastian zuwenden wollte, um all ihren Unmut kundzutun, sah er sie an, streichelte ihre Lippen und küsste sie zärtlich. Madeleine fühlte sich wie im Traum. Sie spürte seine Wärme, seine Hingabe und genoss die liebevolle Umarmung. Ein Rabe landete in diesem Moment erschöpft auf dem Bogen des Felsentores der Lichtung. Er setzte sich still hinter überhängende Zweige und beobachtete unbemerkt das vermeintliche Liebespaar. Langsam löste sich Sebastian von ihr und schaute dabei nicht sonderlich glücklich aus. Er rang nach den richtigen Worten für das, was er nun sagen wollte.

»Madeleine, Ihr müsst mir jetzt gut zuhören.«

Die junge Frau schlug trotzig seine Hand weg.

»Sagt doch einfach, dass Ihr gehen werdet! Warum seid Ihr dann überhaupt zurückgekommen? Nur um Euch zu verabschieden?«

Sebastian packte ihre Hände und glitt vor ihr auf die Knie.

»Madeleine, ich liebe Euch. Mehr als Ihr Euch das vorstellen könnt, aber ich kann nicht bleiben. Euch steht eine große Aufgabe bevor und wenn Ihr diese Aufgabe annehmt, dann wird in Eurem Leben sowie in Eurem Herzen kein Platz mehr für mich …«

Die junge Frau unterbrach ihn wütend:

»Warum lasst Ihr mich das gefälligst nicht selbst entscheiden? Von welcher großen Aufgabe sprecht Ihr da? Was wisst Ihr, das ich nicht weiß? Was weiß Ritter Gernod? Es scheint hier jeder etwas über mich zu wissen, nur ich selbst nicht. Warum spricht keiner mit mir darüber, wo doch alle nur das Beste für mich wollen? Welches Geheimnis umgibt mich, das so schrecklich ist, dass niemand darüber sprechen will?«

Sie zog das Amulett aus ihrer Rocktasche hervor und hielt es Sebastian vors Gesicht.

»Wer ist das und wo ist sie? Wie heißt sie? Ihr wisst es doch bestimmt auch, genau wie Gernod.«

Sebastian legte das Amulett in ihre Hände und umschloss sie mit seinen. Eindringlich blickte er sie an.

»Madeleine, Ihr seid eine Königstochter. Eure Mutter war die Geliebte des Königs und ist bei Eurer Geburt gestorben. Der König wollte nicht, dass seine Liebelei zu Tage tritt, geschweige denn Euch an seiner Seite wissen und auch Eure Familie konnte den Schmerz über den Verlust Eurer Mutter nicht ertragen. Es gab deshalb nur einen Menschen, der sich Eurer annahm und vor einem schlimmen Schicksal bewahrte. Euer Vater und Eure Familie sind aus diesem Königreich, deshalb hat eine höhere Macht Euch genau hierhergeführt. Jedoch allen, die davon wussten, wurde weißgemacht, dass Ihr damals auch gestorben seid. Keiner weiß, dass Ihr noch lebt und wer Ihr wirklich seid, außer Gernod und mir.«

Für Madeleine fühlte es sich an, als würde ihr jemand den Boden unter den Füßen wegziehen. Sprachlos blickte sie umher. Ihr Kopf war leer. Sebastian setzte sich besorgt neben sie und nahm sie in den Arm. Einige Minuten verharrten sie so, dann stellte die junge Frau eine entscheidende Frage:

»Woher wisst Ihr das alles? Welche Rolle spielt Ihr und Gernod in meinem Leben?«

»Glaubt Ihr an Engel?«

Madeleine wunderte sich und antwortete:

»Ja, natürlich. Sie sind überall – manchmal jedenfalls. Ab und zu verlassen sie uns aber auch, glaube ich.«

»Ich bin der Gesandte eines Engels, Madeleine. Und ich möchte, genau wie Gernod, dass Ihr dorthin gelangt, wo Euer Platz ist: Auf den Thron dieses Königreiches. Ihr könntet so viel Gutes tun, so vielen Menschen Frieden und Hoffnung bringen. Vielleicht wäre der König über Eure Anwesenheit jetzt sehr froh, da seine Söhne versagt haben.«

Madeleine schüttelte ungläubig den Kopf.

»Zito der IV. ist mein Vater? Aber ich dachte … eigentlich …«

Das Höllengeschöpf wurde barsch.

»Eigentlich was?«

Enttäuscht über die Wahrheit, gestand sie:

»Eigentlich habe ich mir gewünscht, dass Gernod mein Vater ist oder zumindest ein Verwandter.«

Sebastian packte sie, stellte sich vor sie und machte eindringlich klar:

»Ihr seid eine Königstochter! Warum wollt Ihr diese Tatsache nicht akzeptieren? Das Königreich ruft nach Euch. Ich habe alles getan, um diesen Weg für Euch zu ebnen.«

Aufgebracht rief sie:

»Warum? Wieso seid Ihr so an meinem Leben interessiert, wenn Ihr mich sowieso am Ende allein lasst? Ich dachte, Ihr liebt mich?«

Sebastian wurde still und nachdenklich, dann lächelte er und sagte:

»Ich habe den Sohn des Königs ermordet, ich bin ein Fremder in diesem Königreich und ich sehe, wie die Bewohner mich mit skeptischen Blicken verfolgen, wenn ich die Straßen entlanggehe. Einige spüren, dass ich nicht hierhergehöre und manche sogar, dass ich nicht von dieser Welt bin. Warum spürt Ihr das nicht? Nichts würde ich lieber tun, als meine Zeit mit Euch zu verbringen, aber ich würde Eurem Glück nur im Wege stehen. Ich bin weder zum Gemahl geboren noch dazu auf nur einem Fleck dieser Erde zu verweilen. Hätte ich gewusst, dass ich Euch eines Tages so wehtun würde, wenn ich mich wieder auf meinen Weg mache, hätte ich meinen Auftrag verweigert.«

Ergriffen von seinen Worten, wunderte sich Madeleine trotzdem:

»Was denn für einen Auftrag? Und wer hat Euch den gegeben?«

»Das tut doch gar nichts zur Sache! Ich will, dass Ihr Euren rechtmäßigen Platz einnehmt und Euch darüber bewusst werdet, dass Ihr irgendwann Königin von Hochbergen seid.«

Sie wurde kämpferisch und schrie ihr Gegenüber an:

»Nein! Ich will vielleicht gar keine Königin werden und der König wird dies auch nicht wollen, wenn er erfährt, wer ich bin. Wer sagt, dass ich dazu geboren bin? Jetzt wo ich weiß, wer ich bin, möchte ich vielleicht gar nicht mehr bleiben. Ich möchte auch die Welt kennenlernen – so wie Ihr es getan habt: predigen, helfen und lernen. Wenn der Verzicht auf die Krone der Preis dafür ist, dass Ihr bei mir bleibt, dann bezahle ich ihn von Herzen gern und folge Euch.«

Sebastian wurde wütend.

»Ihr könnt nicht bei mir bleiben und ich nicht bei Euch. Habt Ihr mir nicht zugehört? Ich war hier, um Euren tiefersehnten Wunsch zu erfüllen. Ihr wolltet herausfinden, wer Ihr seid. Das wisst Ihr jetzt, und nun habt Ihr eine Verpflichtung all den Menschen gegenüber, die in diesem Königreich leben, bevor noch schlimmere Sachen passieren. Meine Aufgabe ist somit erfüllt, Madeleine. Der Plan lief nicht ganz so, wie ich es mir vorgestellt hatte. Ein Krieg ist ausgebrochen, Menschen mussten sterben, Gernod musste leiden, es wurde gekämpft und ich habe den Sohn des Königs ermordet, um Euren Freund Gernod zu retten – für Euch. Alles habe ich dafür getan, damit Ihr eines Tages den Thron besteigen könnt. Aber ab jetzt müsst Ihr Euren Weg allein weitergehen. Euer Wunsch ging in Erfüllung. Die Frage ist nun, ob das, wofür Gernod und ich gekämpft haben, Wahrheit werden wird. Ich muss Euch jetzt verlassen. Der schwarze Ritter wird Euch stets ein treuer Freund sein.«

Der jungen Frau liefen Tränen übers Gesicht und sie schluchzte:

»Aber so habe ich das doch nie gewollt.«

Sebastian spürte einen heftigen Stich in seinem Herzen, denn ihre offene Traurigkeit und die Verzweiflung berührten ihn zutiefst. Er nahm sie noch einmal in den Arm und küsste sie. Schweißperlen rannen ihm die Schläfen herunter.

Das Krächzen des Raben, der aufgeregt in seinem Versteck wippte, hallte wie eine Warnung für ihn über die Lichtung. Sebastian ließ Madeleine daraufhin los. Er entfernte sich einige Schritte von ihr und stolzierte mit ausgebreiteten Armen langsam auf und ab. Dann forderte er sie auf:

»Seht mich genau an! Was bin ich augenscheinlich für Euch? Und was spricht Euer Herz, wenn Ihr mich ganz genau betrachtet? Sehe ich aus wie ein ganz normaler

Mensch? Seid ehrlich zu Euch! Ich bin viel größer und stärker als die Menschen hier. Spürt die Kälte, die mich umgibt, und schaut in meine Augen. Was entdeckt Ihr dort? Findet Ihr eine Seele, einen Hauch von Liebe? Hat Euch die Liebe denn so blind gemacht?«

Sie verstand nicht, was er ihr mitteilen wollte, also musterte sie ihn. Sebastian war ein gut aussehender Mann; sehr groß, mit glänzenden schwarzen Haaren und stahlblauen Augen. Er war stark, weise und sehr gebildet. Gut gekleidet, immer elegant und in Zügen etwas erhaben, dennoch hilfsbereit. Sie zuckte mit den Schultern und sagte:

»Alles, was ich sehe, gefällt mir. Jeder Mensch hat gute Seiten und Seiten, die für den leichten, verführerischen Weg offen sind. Das ist bei Euch nicht anders als bei anderen Menschen auch. Ihr seid immer, außer bei unserem letzten Abschied und in meinem Traum, nett zu mir gewesen. Wieso wollt Ihr bloß, dass ich in Euch etwas Böses sehe, nur damit mir der Abschied leichter fällt? Wenn Ihr es wünscht, dass ich gehe und Euch in Ruhe lasse, dann werde ich das tun. Doch niemals werde ich schlecht über Euch reden.«

Sebastians Augen begannen zu funkeln.

»Ich werde immer an Eurer Seite sein, so wie ich es versprochen habe. Immer! Aber auf völlig andere Weise, als Ihr es Euch vorstellt. Habt Ihr mir jemals zugehört? Habt Ihr Eurem Freund Gernod zugehört, wenn er von mir sprach? Was hat er gesagt, Madeleine?«

Sie fühlte sich plötzlich unwohl und erinnerte sich an den Abend, an dem Sebastian sich zu einer Bestie verwandelt hatte. Auf einmal war sie sich sicher, dass es kein Traum gewesen war. Er kam näher und hauchte:

»Was hat er über mich gesagt? Wie hat er mich genannt?«

Mutig antwortete sie:

»Er hat Euch *›Teufel‹* genannt. Aber Ihr habt gesagt, dass Ihr der Gesandte eines Engels seid. Mir ist das gleich. Alles was ich verlange, ist, dass Ihr ehrlich zu mir seid.«

Seine Augen färbten sich rot und spitze Zähne kamen zum Vorschein. Er rief laut heraus:

»Das hier bin ich! Und Ihr habt noch nicht alles gesehen, was mich ausmacht, meine Liebe. Mein Meister und Gott ist ein gefallener Erzengel, dessen Name Euch gut bekannt sein dürfte.«

Erschrocken griff Madeleine in ihre Rocktasche und umklammerte fest die Kette mit dem Kreuz. Diesmal wich sie nicht zurück, sondern verharrte tapfer.

»Das ist nur ein Teil von Euch! Nur ein Teil!«

Plötzlich breitete Sebastian bedrohlich seine Arme aus und zeigte ein wildes, zorniges Gesicht, das Usgalmans mit jeder Sekunde ähnlicher wurde.

»Ist das der Sebastian, den Ihr liebt? Ihr wisst doch überhaupt nichts von der Liebe! Sie kann schön sein, aber auch vernichtend wie eine Fessel, die einen immer tiefer in einen reißenden Fluss zieht und dadurch die Luft zum Atmen unerreichbar macht. Verführerisch, lieblich, verlockend und doch so … teuflisch, heuchlerisch und meuchelnd.«

Sie tat einen Schritt auf ihn zu, um ihm in die Augen zu sehen.

»Selbst wenn Ihr ein Teufel seid, habe ich keine Angst. Ich weiß, dass Ihr ein Herz habt, ein zerbrechliches Herz, und Ihr könnt lieben. Ich habe es gespürt und Ihr auch.«

Er hielt ihrem Blick stand, fühlte jedoch eine Sehnsucht in sich aufkommen, die er angestrengt unterdrückte. Ein Knacksen im Gestrüpp sowie das laute Schnauben eines Pferdes retteten ihn aus dieser Situation. Er drehte sich in die Richtung des Geräusches und nahm dabei wieder die Gestalt des eleganten Sebastian Geradville an.

»Wo seid Ihr?«, ertönte Gernods Stimme schon von Weitem.

Der Ritter kam auf dem Pfad entlanggelaufen, der vom Gasthaus zur Lichtung führte. An den Zügeln zog er Hamilton und den schwarzen Hengst von Sebastian hinter sich her. Als er auf die Lichtung trat, rief er aufgebracht:

»Ich wusste, dass ich Euch nicht trauen kann, Geradville! Ihr habt mich weggelockt.«

Er ließ erzürnt die Zügel fallen und schlug auf ihn ein. Sebastian drehte sich schmunzelnd zur Seite und wehrte die Schläge des Ritters mit Leichtigkeit ab. Daraufhin feindete Gernod ihn weiter verbal an.

»Was habt Ihr Euch dabei gedacht, Euch einfach aus dem Staub zu machen, während ich mit Ortwin gerungen habe? Er ist auf Eurem Pferd davongeritten. Warum habt Ihr mir nicht geholfen? Ihr seid ein elender Bastard!«

»Ich habe es vorgezogen, allein mit Madeleine zu sprechen. Und wie ich sehe, ist mein Pferd zurückgekehrt. Habt Ihr Ortwin denn fassen können?«, erkundigte sich Sebastian höflich.

Fassungslos starrte Gernod ihn an und wetterte:

»Ihr wisst ganz genau, dass er mir entkommen ist – ganz genau. Tut nicht so unschuldig! Also, wo ist er? Wie sieht Euer Plan aus, in den Ihr mich nicht eingeweiht habt?«

Das Höllengeschöpf legte beruhigend seinen Arm um den schwarzen Ritter.

»Beruhigt Euch doch erst einmal. Ihr erschreckt mir doch diese junge Frau. Ich weiß vieles, aber nicht alles. Wer konnte ahnen, dass der junge Bursche Euch abhängt? Ich hielt es derweil eher für angebracht, die Gunst der Stunde zu nutzen und Madeleine zu berichten, was sich vor langer Zeit in diesem Königreich zugetragen hat. Sie weiß nun, wer sie ist. Benehmt Euch also nicht so daneben, wenn Ihr vor der künftigen Königin steht.«

Die Botschaft traf Gernod wie ein Blitz. Ihm stockte der Atem. Tausend Fragen und Befürchtungen rasten durch seinen Kopf, dennoch bemerkte er das Gemenge aus Angst, Trauer und Verlorenheit, welches Madeleine umgab. Der schwarze Ritter ging vorsichtig auf die zukünftige Königin zu und nahm ihre Hand.

»Was habt Ihr bloß getan? Und warum jetzt?«, wollte Gernod wissen.

»Ich habe zu Ende gebracht, was Ihr freiwillig nie gekonnt hättet. Macht mir keinen Vorwurf daraus, dass ich Euch von der Bürde befreit habe, die Euch irgendwann zerbrochen hätte. Eure eigene Geschichte, Ritter von Demian, müsst Ihr schon selbst erzählen«, erklärte Sebastian und spazierte ein paar Schritte von ihnen weg.

Schwere machte sich in ihm breit, als er beobachtete, wie Gernod und Madeleine miteinander redeten. Seine Zeit zu gehen, war nun gekommen. Die Krähe glitt aus dem Baum und ließ sich direkt vor dem Felsentor nieder. Das Höllengeschöpf hatte den Vogel schon längst bemerkt. Er lächelte seiner verwandelten Oberhexe zu und schlenderte lautlos zum Torbogen, dem Eingang in die Unterwelt.

14

Der Schatz des Tar

Wir laufen jetzt schon so lange, wollen wir nicht mal eine Pause machen?, gähnte Diadora.

Ekkehardt, Gieselbund und die zwei Schönheiten wanderten am feuchten Auenufer des Tars entlang. Gieselbund lachte laut auf und sagte:

»Aber Ihr wolltet doch den Schatz suchen. Die von Euch beschriebenen Stromschnellen sind noch ein ganzes Stück weit weg. Seht, dort hinten, an dieser nächsten Biegung.«

Der Hexe der Falschheit taten allmählich die Füße weh. Wann liefen sie schon solche Strecken, und so jammerte auch sie:

»Woher sollten wir denn wissen, dass der Weg so weit ist. Außerdem wird es bald dunkel und wir müssen ja auch wieder zurückgelangen. Vielleicht sollten wir lieber morgen dorthin gehen.«

»Ich bin nicht bis hierher gegangen, um kurz vor dem Ziel umzukehren«, bemerkte Ekkehardt und drückte Giseldas Hand fester, um sie besser hinter sich herziehen zu können.

»Mein schönes Kleid ist schon ganz dreckig«, maulte die Hexe der Wollust mit einem dicken Schmollmund.

Gieselbund fand das amüsant, küsste sie ungestüm und schlug vor:

»Ihr könnt Euer Kleid ja ausziehen. Es wird sowieso bald dunkel, dann kann Euch niemand sehen.«

Ein piepender Spatz hatte ihren Weg bisher begleitet. Der blond gelockte Mann bemerkte ihn zuerst, blieb stehen und zog ein Tüchlein aus seiner Tasche, in dem er ein paar Brotkrumen aufbewahrt hatte.

»Seht nur, ist der nicht drollig? Ich glaube, der Vogel folgt uns. Es muss ein eigentümliches Gefühl sein, fliegen zu können, wohin man will – frei wie ein Vogel, keine Grenzen, keine Hindernisse. Komm her, mein kleiner Freund.«

Gieselbund streute ein paar Krumen auf die Erde und erfreute sich am Anblick des pickenden Spatzen. Giselda und Diadora sahen sich verstohlen an, denn ihnen kam das kleine Getier äußerst bekannt vor. Ekkehardt scheuchte seinen Freund ungeduldig voran.

»Hey, nicht träumen! Wir sind auf Schatzsuche und nicht zur Fütterung *wilder Tiere* hierhergekommen. Geh weiter, ich werde langsam hungrig.«

»Brotkrumen gefällig?«, bot Gieselbund die letzten Brotkrümelchen aus seinem Taschentuch an.

Ekkehardt grummelte:

»Werde jetzt nicht albern. Was machen die zwei denn jetzt?«

Die Männer liefen voran, während die beiden Frauen so taten, als ob sie sich über den kleinen Vogel amüsierten.

»Was ist denn Hurlebaus?«, flüsterte Giselda.

Hurlebaus zwitscherte:

»Arfalla ist eben auf unserem Weg zu euch schlagartig abgedreht und ohne mich weggeflogen. Keine Ahnung wohin. Seid auf der Hut, irgendetwas Unvorhergesehenes scheint sie beunruhigt zu haben. Ich habe kein gutes Gefühl.«

Diadora winkte ab.

»Ach, unsere Oberhexe ist doch im Moment eh seltsam. Wahrscheinlich geht es wieder um Madeleine. Mir ist das egal. Wir tun jetzt, was uns aufgetragen wurde: verführen, küssen, lieben, verführen, küssen, lieben. War da noch etwas? Mal überlegen.«

»Küssen, den Schatz bergen, mit den Männern ins Gasthaus ziehen und dort warten. Du hast immer nur deine Gelüste im Kopf. Und du, Hurlebaus, du solltest öfter fliegen, du bist ja völlig aus der Puste! Das kommt von deiner Trägheit. Ein paar Übungen für die Arme würden dir unter der Woche nicht schaden«, mahnte die Hexe der Falschheit.

»Sagt *DIE* mit den wunden und müden Füßen, weil sie nur fliegt oder sich tragen lässt«, schnippte Hurlebaus zurück.

Diadora fügte dem nur hinzu:

»Und jetzt hat sie echt mal die Wahrheit gesagt, da …«

Noch bevor sie den Satz zu Ende sprechen konnte, hob Hurlebaus schon wieder ab und flatterte durch die Luft.

»Ich muss weg und euch unauffällig folgen.«

Die Männer winkten schon hektisch ihre Damen herbei. Als die vier endlich an den Stromschnellen angekommen waren, bestaunte Ekkehardt die eindrucksvollen Wasserverläufe und wunderte sich laut:

»Wer soll es wagen, da hineinzutauchen?«

Giselda säuselte:

»Liebster Ekkehardt, Ihr seid so stark und kräftig gebaut, dass es wohl niemand außer Euch schaffen wird. Außerdem ist Euer Freund äußerst erfinderisch. Mit Eurer Kraft, seiner Fantasie und unserer Liebe wird sich da bestimmt eine Möglichkeit ergeben.«

»Jetzt müssen wir uns erst einmal küssen, damit wir den Schatz überhaupt sehen können. Wenn wir noch länger warten, wird es zu dunkel und alles war umsonst«, belehrte Diadora die Runde erfreut und spitzte ihren Mund.

Der fröhliche Poet zögerte nicht, nahm Diadora in den Arm und küsste sie. Dabei sahen beide erwartungsvoll in den Fluss. Aber nichts tat sich; keiner konnte etwas Glitzerndes oder Leuchtendes erkennen. Ekkehardt fragte neugierig:

»Und, habt Ihr etwas entdeckt? Ich habe nichts gesehen.«

»Das wäre auch sehr bedenklich, weil nur die zwei Liebenden den Schatz entdecken können, und da Ihr nicht geküsst wurdet, gibt es auch nichts zu sehen«, klärte Giselda auf.

Gieselbund überlegte.

»Ich bin mir nicht sicher, vielleicht sollten Diadora und ich uns noch einmal küssen. Ich meine, ich hätte da etwas glitzern se…«

Eine brausende Windböe warf ihn zu Boden und beendete seinen Satz abrupt. Diadora stand noch, kämpfte aber, wie auch die anderen, mit der plötzlich aufkommenden heftigen Brise. Sie versuchten, sich aneinander festzuhalten. Der Wind wehte nicht nur die Haare durcheinander, auch die Röcke der Frauen wurden hochgewirbelt und die Hemden der Männer bliesen sich auf wie Segel. Der Himmel verdunkelte sich schlagartig und das aufbegehrende Schreien der Winde schmerzte in den Ohren. Die Männer hielten sich diese zu und warfen sich mit den Händen über dem Kopf zu Boden. Die beiden Hexen aber standen nun völlig unbeeindruckt von dem sturmartigen Wind wie Felsen in einer Brandung und sahen entsetzt in die Richtung, aus der das grauenvoll kreischende Rauschen kam. Gieselbund schaute auf und versuchte, nach Diadora zu greifen, um sie auf den Boden zu ziehen. Ekkehardt hielt nur noch ein Stück Stoff des Kleides in der Hand, an dem er Giselda packen wollte. Die Frauen waren im Sog des Windes verschwunden. Schlagartig ward es wieder still und die Unbilden des Wetters lösten sich so schnell wieder auf, wie sie sich zusammengebraut hatten.

»Was war das? Wo sind die Mädchen?«, rief der blonde Mann seinem Freund besorgt zu.

Ekkehardt sprang auf und blickte ungläubig umher. Dann schaute er auf den Fetzen in seiner Hand und murmelte:

»Ich hoffe, sie sind nicht in den Tar gezogen worden.«

»Nein, ich habe sie doch eben noch gesehen. Sie können doch nicht verschwunden sein. Was war das für ein Kreischen? Und wo kam dieser erste heftige Windstoß auf einmal her?«, wunderte sich der blond gelockte Poet.

Ekkehardt packte seinen Freund am Arm und flüsterte schuldbewusst:

»Wahrscheinlich liegt es an dem Schatz des Tar, der nicht nur eine Sage ist. Wir hätten uns schlaumachen sollen, was es mit der Geschichte auf sich hat. Der Schatz hat uns auf die Probe gestellt. Unsere Gier hat uns verführt, deshalb haben wir uns mit Damen eingelassen, die wir gar nicht richtig kennen, geschweige denn von Herzen lieben können. Jetzt sind sie verschwunden. Einfach so, der Wind hat sie mitgenommen – das ist die Rache des Tar, weil wir seinen Mythos nicht ernst genommen haben. Es ist unsere Schuld, dass die beiden Mädchen verschwunden sind!«

Gieselbund weigerte sich, das zu glauben. Er lief suchend umher.

»Was faselst du da für einen Blödsinn? Nein, das kann nicht sein. Niemand kann so einfach verschwinden.

Und schon gar nicht, weil sich ein Fluss rächt, nur weil wir unseren Spaß haben wollten. Du glaubst doch nicht wirklich, was du da sagst, oder?«

Ekkehardt wurde ungehalten.

»Das macht alles ja noch schlimmer, weil du keine Ehrfurcht hast! Es ist die Strafe, weil wir nicht daran geglaubt haben, was die Ahnen uns überlieferten. Diese beiden zarten Geschöpfe mussten dafür nun bezahlen. Wir müssen sie suchen. Überall. Egal, ob der Wind sie weggetragen oder in den Fluss gezogen hat.«

Die Männer sahen sich fassungslos an.

15

Die Hölle auf Erden

Aus dem Hinterhalt schnellte ein Pfeil. Im gleichen Moment schwang sich der Rabe mit einem lauten, durchdringenden Schrei in die Luft und verwandelte sich in Arfalla, die sich mit abgrundtiefem Hass auf den heimtückischen Angreifer stürzte. Sebastian war getroffen; in seinem Rücken steckte das Geschoß fest. Er rang nach Luft und drehte sich überrascht mit einem unterdrückten Schrei zu seinem Meuchler um. Die Oberhexe riss diesen zu Boden, aber noch im Fallen schoss er einen zweiten Pfeil auf Sebastian ab, der sich genau in dessen Herz bohrte. Das Aufschreien der Hexe des Zorns verband sich mit einem plötzlich aufkommenden heftigen Wind und entwickelte sich zu einem schauderhaften Kreischen, das weit in das Land getragen wurde. Alle hielten sich krampfhaft die Ohren zu und gingen zu Boden.

Weder Gernod noch Madeleine hatten einen Überblick über das dramatische Geschehen. Alles war so schnell passiert. Der Himmel verdunkelte sich und alle Todsünden erschienen eine nach der anderen mit lautem Geschrei wie Kugelblitze aus dem Nichts. Mit fiesen Mienen und messerscharfen, langen Fingernägeln griffen sie nach Ortwin, dem Meuchler, zerrten ihn aus dem Gebüsch und drohten, ihn auseinanderzureißen. Er schlug um sich und brüllte, um sich der Angreiferinnen zu erwehren. Sebastian brach ächzend in die Knie. Arfalla stand plötzlich stützend neben ihm und hielt ihn, bevor er gänzlich zu Boden fallen konnte. So aufgeregt und gefährlich hatte sie noch nie jemand erlebt. Sie sagte nichts, aber ihr stechender Blick war von unbändigem Hass erfüllt, und so drehte sie langsam ihren Kopf zu Gernod und Madeleine. Ihre Mundwinkel waren nach unten gezogen und ihre Ausstrahlung gebot höchste Vorsicht. Der schwarze Ritter stellte sich schützend vor sein Mündel und zog instinktiv sein Schwert. Madeleine schaute hinter Gernod hervor und erfasste jetzt erst, dass Sebastian tödlich getroffen von zwei Pfeilen durchbohrt war. Sie riss sich los, rannte zu Sebastian und rief:

»Wir müssen ihm helfen. Er stirbt. Tut doch etwas.«

Gernod von Demian versuchte, sie in ihrer Aufgeregtheit immer wieder von Sebastian und Arfalla wegzuziehen; gleichzeitig drohte er den Hexen:

»Lasst ihn los! Übergebt Ortwin mir. Ich werde dafür sorgen, dass er eine gerechte Strafe erhält.«

Die Oberhexe hob die Hand und die anderen Hexen verharrten, hielten den Königssohn allerdings weiter fest, ohne ihm ein weiteres Leid zuzufügen. Arfalla spürte, wie ihr verletzter und verlorener Meister sich vor Schmerzen gekrümmt an ihrem Rock festkrallte.

Ihre Hand strich fürsorglich über seine Wange. Was sie fühlte, traf sie bis tief ins Mark. Ihre Verzagtheit über seinen Zustand versprühte sich als unbändiger, zerstörerischer Zorn in der Atmosphäre über der ganzen Lichtung und ließ den Anwesenden das Blut in den Adern erstarren. Bedrohlich ertönte ihre Stimme, als sie das schwarze Blut aus Sebastians Wunde an ihren Fingern herabtropfen ließ.

»Ihr wollt Krieg mit uns? Den könnt Ihr haben, aber seid Euch sicher, dass Ihr ihn verliert! Das könnt Ihr nie wiedergutmachen!«

Gernod schluckte und bemerkte:

»Ich kenne Euch. Ich bin Euch schon mehrfach begegnet. Ihr habt mir geholfen. Ihr seid nicht nur böse, wir wollten beide jemanden beschützen. Erinnert Euch. Ihr seid weise, Ihr wisst, dass wir so etwas nie wollten. Lasst Euren Zorn nicht an uns aus, die es nur gut gemeint haben.«

Sie starrte auf den schwarzen Ritter und ließ sein Schwert mit einer Handbewegung in Flammen aufgehen. Er ließ es fallen, griff im gleichen Augenblick nach Madeleine und zog sie wieder zu sich. Madeleine wollte erneut zu dem Verletzten eilen, doch ihr Begleiter hielt sie fest und drückte sie schützend an sich.

»Niemand wollte, dass ihm etwas zustößt, und niemand will Krieg mit Euch. Bitte glaubt mir. Sagt mir, was ich tun kann, um zu helfen! Ihr wisst, dass Ihr mir vertrauen könnt – wie ich Euch auch vertraue«, versuchte Gernod, das Gemüt der Hexe zu besänftigen.

Aber das steinerne Tor tat sich bereits auf. Ortwin wurde von Bombastica, Esmeralda, Bursalda und Lutezia unwirsch hineingezerrt. Er jammerte und rief um die Hilfe des schwarzen Ritters, bevor er in die dunkle Tiefe des Einganges gestoßen wurde.

»Wagt Euch nicht, ihm zu helfen. Er wird für das büßen, was er getan hat, und zwar nach unseren Regeln. Versucht Ihr uns zu folgen, verliert Ihr mehr, als Ihr es Euch je vorzustellen vermocht habt«, drohte die Oberhexe mit angespannter Stimme.

Sebastian hob leicht den Kopf und blickte orientierungslos umher. Ungläubig fasste er nach dem Pfeil in seiner Brust. Madeleine rief weinend seinen Namen, aber er reagierte darauf nicht.

»Ich möchte zu ihm, bitte! Sebastian!«

Hurlebaus, Heroika, Giselda und Diadora nahmen sich ihrem Meister an. Sie zogen die Pfeile aus seinem Körper, sprachen Zauberformeln, legten ihre Hände auf die Wunden und trugen ihn vorsichtig durch das Tor. Arfalla musterte Madeleine und sprach:

»Auch Ihr werdet für das büßen, was hier passiert ist.«

Entsetzt bot der Ritter seine Dienste an.

»Ich weiß nicht, wie ich Euch helfen könnte, aber lasst Madeleine gehen und nehmt mich an ihrer Stelle. Lasst Euren Zorn an mir aus. Ich trage genauso viel

Schuld an den Wirren dieses Reiches wie Ortwin oder der König. Madeleine hat am wenigsten damit zu tun. Ich verstehe nicht, wie das passieren konnte. Er war doch unverwundbar …«

»Er war unverwundbar, aber die Liebe hat ihn verletzlich gemacht«, unterbrach die Oberhexe ihn barsch, dabei fiel ihr Blick wieder auf Madeleine.

Gernods Mündel befreite sich aus seinem Griff, um zu Sebastian zu gelangen, doch die Frauen versperrten ihr den Weg in das Innere des Tores. Als Gernod sie am Arm zurückhalten wollte, drehte sie sich um und klagte:

»Ihr habt gesagt, man könne ihn nicht verletzten, auch, dass er stärker sei als alle anderen, weil er ein Teufel ist. Ihr habt Euch so getäuscht, so getäuscht.«

Arfalla stand nun als einzige Hexe noch auf der Lichtung vor dem Portal. Ihre mahnenden und drohenden Worte ließ beiden ein Schauer über den Rücken laufen.

»Ihr seid Schuld, Madeleine. Nur Ihr! Euretwegen ist er schwach geworden und dafür werdet Ihr büßen, das verspreche ich Euch. Euretwegen wird sich das Höllenreich verändern und Euretwegen verlieren wir unseren Herrn und Meister. Ich hasse Euch dafür. Ich kann gar nicht ausdrücken wie sehr. Seid gewiss: Wir werden uns wiedersehen.«

Madeleine flehte:

»Aber niemand konnte wissen, was Ortwin genau anrichten würde. Es tut mir leid. Bitte lasst mich zu ihm, bitte!«

»Nein, Madeleine!«, hörte sie Gernod widersprechen.

Die Oberhexe lächelte teuflisch und machte mit funkelnden Augen eine einladende Handbewegung.

»Tretet ein, wenn Euch danach ist. Wir bekommen selten freiwilligen Besuch.«

Der schwarze Ritter versuchte erneut, die verliebte Frau festzuhalten, und bat die Hexe:

»Hört auf! Sie würde alles für ihn tun. Selbst in die Hölle würde sie für ihn gehen, und das wisst Ihr genau. Hört auf, sie in ihr Verderben zu locken, ich bitte Euch!«

»Warum soll ich mich zukünftig bemühen, sie vom rechten Weg abzubringen, wenn sie doch ganz allein direkt in die Hölle folgen möchte? Und was ist mit Euch, Ritter? Würdet Ihr für den Königssohn oder Madeleine in die Hölle gehen, so wie Madeleine es für unseren Meister tut?«

»Ich würde überall hingehen, wenn ich nur die Chance hätte, einen anderen Menschen retten zu können. Ich bin ein Ritter, ein Ehrenmann und habe dem König und diesem Reich Treue geschworen. Dort hineinzutreten bedeutet, sich von Gott abzuwenden, ihn auf die Probe zu stellen und wahrscheinlich einen Pfad ohne Wiederkehr einzuschlagen. Niemand von uns würde jemals unbeschadet, wenn überhaupt, da wieder herauskommen. So ein Risiko geht man nur ein, wenn man jemanden retten möchte. Aber nie freiwillig. Versprecht mir, dass Ihr von Madeleine ablasst, und ich folge Euch«, antwortete er.

Sie lachte hämisch.

»Treue ist ein sehr dehnbarer Begriff. Ihr wollt wissen, wie es Sebastian geht, Madeleine? Dann tretet ein. Ich werde Euch den Weg weisen.«

Die junge Frau zögerte, sah Gernod an und sagte:

»Ich muss wissen, wie es ihm geht. Wenn er stirbt, werden wir beide sowieso nie wieder glücklich auf Erden werden. Wenn er überlebt, wird er mich aus der Hölle retten. Das ist jetzt mein Risiko.«

Sie ließ Gernods Hand los und stellte sich entschlossen vor Arfalla. Der schwarze Ritter wollte sie erneut abhalten, aber die Oberhexe schlug so heftig auf seine ausgestreckte Hand, dass seine Knochen laut knackten. Er schrie auf.

»Jeder geht seinen eigenen Weg und wenn ein Mensch den seinen aus freien Stücken wählt, sollte man ihn gehen lassen, Ritter. Ihr könnt sie nicht aufhalten und genauso wenig könnt Ihr sie beschützen, wenn sie es nicht will. Akzeptiert das – ein für alle Mal«, tat sie kund und ließ die junge Frau eintreten, während sich das Steintor langsam schloss.

»Ich komme wieder zurück, das verspreche ich!«, hörte er Madeleine noch rufen, bevor sie mit der lachenden Hexe im Dunkel des Eingangs verschwand.

Gernod war vom Schlag der Hexe wie gelähmt und fühlte sich unverstanden und verraten. Er war hin- und hergerissen. Madeleine durfte er nicht diesen Hexen überlassen, selbst Sebastian hätte das nicht gewollt, da war er sich sicher. Niemals würde sie wieder aus der

Hölle gelangen ohne seine Hilfe. Er wollte dem Schicksal nicht kampflos seinen Lauf lassen. Die letzten Zentimeter des Tores waren dabei sich zu schließen. In seinen Gedanken erschien Magdalena, die ihn entsetzt ansah und durch das Tor ging. Er entschied sich, ihr zu folgen. Mit all seiner Kraft schob er sich zwischen den schmalen Spalt durch das fast geschlossene Tor. Für einige Sekunden steckte er fest, sodass ihm die Luft wegblieb. Er presste all seinen Atem aus sich heraus, um unter größter Anstrengung doch noch auf die dunkle Seite zu gelangen. Mit einem lauten Krachen fiel das Tor zu und verwandelte sich wieder in einen moosbewachsenen Felsen.

16

Auf dem Weg zum Gasthaus

Obwohl sich bereits die Nacht ankündigte, befahl der König, Gernod und Madeleine zu suchen. Er ließ die Pferde satteln und einen Trupp von zwölf Mann zusammenstellen, der von Ritter Blaubart angeführt wurde. Dieser war überrascht, als sich der Truppe der König selbst anschloss. Zito sprach zu den Soldaten:

»Ritter Gernod und das Fräulein Madeleine sind zuletzt am Gasthof gesehen worden, genau wie Sebastian Geradville und mein Sohn Ortwin. Die Wirtin berichtete von Kämpfen und eigentümlichen Vorkommnissen. Seid alle auf der Hut, sobald wir uns dem Gasthof nähern.«

David Blaubart führte die Reiter an und gab ein rasantes Tempo vor, um so schnell wie möglich ans Ziel zu gelangen. Gieselbund und Ekkehardt marschierten derweil mit strammem Schritt zurück. Sie nahmen eine Abkürzung durch den Wald. Immer noch bestürzt von den Ereignissen, stritten sie darüber, was passiert war und wer daran die Schuld zu tragen habe. Ihre

Wortgefechte wurden heftiger, bis sie letztendlich in einer handfesten Rauferei endeten. Die beiden Männer wälzten sich auf der Erde und schlugen aufeinander ein.

»Hör auf! Hör auf!«, schrie Gieselbund und wich seinem Freund aus.

Der kräftige, dunkelhaarige Mann ballte erneut die Faust.

»Warum streiten wir eigentlich? Wir wissen gar nichts, außer, dass die Frauen verschwunden sind«, versuchte er noch einmal, auf seinen Freund einzuwirken, und wischte sich mit seinem Ärmel das Blut von der Lippe.

Ekkehardt ließ sich erschöpft auf den Waldboden sinken, betrachtete seinen zerrissenen Ärmel und hielt sich derweil die Hand auf sein blau werdendes Auge.

»Frieden!«, gab er kurzerhand sein Einverständnis.

Beide standen auf und liefen nun still nebeneinander her. Jeder tupfte, drückte oder zupfte, entsprechend der eingefangenen Blessuren, an sich herum.

»Da ist ein Pferd«, bemerkte Ekkehardt verblüfft.

Ein großer schwarzer Hengst mit einem kunstvoll verzierten Sattel stand stolz zwischen den Bäumen.

»Ist hier jemand? Hallo? Wen man trifft zur späten Stund', tut besser seinen Namen kund!«, versuchte Gieselbund, sich auf witzige Weise bemerkbar zu machen.

Der Hengst schnaubte und stellte die Ohren auf.

»Es scheint niemand in der Nähe zu sein. Das ist ein außergewöhnlich schönes und stattliches Tier! Es kommt uns gerade wie gerufen. Wir könnten darauf nach Hause reiten, denn wenn ich ehrlich bin, glaube ich, dass wir uns verlaufen haben. Es könnte also dauern, bis wir den richtigen Weg finden«, gab der Gutsherrnsohn zu.

Der blonde Poet bemerkte stöhnend:

»Ich denke, du kennst den Weg? Wie konnte ich dir bloß vertrauen?«

Wütend über sich selbst, stampfte er in Richtung des Rosses und murmelte:

»Komm schon, vielleicht können wir ihn einfangen. Später können wir ihn ja wieder zurückgeben – an wen auch immer.«

So sehr sich die beiden Männer auch bemühten, der Rappe ließ sich nicht einfangen, sondern spielte mit ihnen. Er ließ sie herankommen und trabte wieder ein paar Schritte davon, sobald sie nach ihm griffen. Er kam erneut näher und wich ihnen abermals aus, sobald sie ihre Hände nach ihm ausstreckten. Doch dann bekam Ekkehardt einen Steigbügel zu fassen und Gieselbund die Zügel. Bevor sie sich freuen konnten, bäumte sich der Hengst auf und zerrte die beiden hinter sich her. Sie stolperten über Äste und liefen gegen Bäume, hielten sich jedoch unbeirrt an dem immer schneller werdenden Ross fest.

»Nicht loslassen! Halten! Wir schaffen es!«, schrie der blonde Mann seinem starken Freund immer wieder zu.

Der König und seine Soldaten waren nur noch wenige Kilometer vom Gasthof entfernt, da hörten sie seltsame Geräusche und Schreie aus dem Wald. Der Trupp stoppte, zog seine Waffen und spannte die Bögen. Ein seltsames Bild bot sich ihnen, als ein Ross und zwei Männer aus dem Waldrand gestrauchelt und auf dem Weg zum Halten kamen. Ekkehardt sank erschöpft am Sattel hinab, während sich Gieselbund noch am Schweif des Rosses festhielt. Seine Knie waren aufgerissen. Der Hengst schaute treu umher und schnupperte an dem am Boden sitzenden dunkelhaarigen Mann. Der Poet ächzte, während er sich vom Boden erhob:

»Ich glaube, mein Kiefer ist vom Pferdehuf zerschmettert worden.«

»Zerschmettert? Nein, du hast schon immer so ausgesehen«, bemerkte Ekkehardt und grinste bis über beide Ohren.

»Wow, das nenne ich Abenteuer! Das machen wir gleich nochmal!«, freute er sich.

Gieselbund fand sowohl den Witz als auch die Begeisterung nur bedingt erheiternd und versuchte, sich einigermaßen herzurichten.

»Was haben wir bloß verbrochen, dass dieser Tag heute so miserabel endet?«

Unverhofft für die Männer, drang die fordernde Stimme von Ritter Blaubart zu ihnen.

»Was haben die jungen Herren denn verbrochen? Steht auf und nehmt die Hände nach oben.«

Die beiden Freunde erschraken beim Anblick der Soldaten, die ihre Waffen auf sie richteten. Widerstandslos gehorchten sie. Der König blickte beide an.

»Woher habt Ihr dieses Pferd? Es ist der Hengst von Sebastian Geradville.«

Ekkehardt verbeugte sich, als er den König erkannte.

»Eure Majes … im Wald … und besitzerlos.«

»Ich bin untröstlich, aber erfreut, Euch zu sehen, Eure Majestät. Wir haben heute einen außerordentlich schlechten Tag gehabt und da kam dieses Pferd des Weges. Wir dachten, es würde uns nach Hause bringen können, denn es war weit und breit kein zugehöriger Reiter zu erspähen. Wenn ich mich vorstellen darf: Ich bin Gieselbund von Steinfeld und das ist mein dreister Freund Ekkehardt Stieleisen«, lächelte der poetische Sohn eines Adligen charmant.

Der König gab Zeichen, die Waffen wegzustecken. Sichtlich erleichtert darüber, bedankte sich Gieselbund mit einer Verbeugung.

»Nehmt sie mit! Wir brauchen sie vielleicht noch. Lasst sie bei einem von Euch mit aufsitzen! Den Hengst nehmen wir, nicht, dass sie noch türmen. Wir müssen uns eilen, unsere Freunde sind in Gefahr!«, befahl der blaue Ritter seinen Männern.

Sybilla wartete schon ungeduldig mit ihrem Mann auf die Soldaten des Königs und war erfreut, als sie endlich das Trampeln der heraneilenden Hufe hörte.

17

Ein neuer Herrscher

Nachdem sich das Tor geschlossen hatte, war kein Geräusch mehr zu hören, kein Lufthauch zu spüren und auch kein Lichtschimmer mehr zu erblicken. Nichts als Dunkelheit umgab den Ritter. Vorsichtig tastete er sich an einer feuchten steinigen Wand entlang und bemerkte Stufen unter seinen Füßen. Schritt für Schritt und hoch konzentriert, kletterte er steile Treppen hinunter. Er konnte zwar nichts sehen, trotzdem fühlte er sich beobachtet. Er lauschte aufmerksam und vernahm von weitem Stimmen. Bei genauerem Hinsehen erkannte er jetzt auch ein schwaches Leuchten an den Wänden. Die Oberflächen der Mauern bekamen immer schärfere Strukturen, sodass er sich beim Entlanghangeln kleine Schürfwunden und Schnitte zuzog. Mühevoll versuchte er, sich seinen Weg behutsamer zu erfühlen. Tiefer und tiefer stieg er in das rot leuchtende Geröll hinab. Je näher er den Stimmen kam, desto heller und wärmer wurde es um ihn herum. Die ersten Fackeln waren an den Wänden angebracht und spendeten Sicht auf unendlich viele verschlungene Stiegen, die weiter nach unten führten.

Vereinzelt waren Nischen in das tunnelartige Gewölbe eingemauert, in welchen sich mitunter sonderbare und unheimliche Gestalten aufhielten. Sie grabschten neugierig nach dem Ritter und grunzten oder kicherten ihm mit bisher unbekannten, aber unhöflich klingenden Lauten entgegen. Gernod nahm eine Fackel aus einer der Eisenhalterungen und trug sie schützend vor sich her, um die aufdringlichen Kreaturen von sich fernzuhalten. Das weiterführende Gewölbe wurde von unzähligen Querverbindungen durchzogen und erschwerte die Orientierung. Die Echos, der zu ihm durchdringenden Stimmen, tanzten in zahllosen Gängen umher und versuchten, ihn in die Irre zu leiten.

Gernod setzte sich erschöpft auf eine Treppenstufe und ging in sich. Vorsichtig blickte er dort hinauf, von wo er gekommen war. Labyrinthartig zogen sich die Treppen nach oben und verschwanden im Dunkeln. Er fühlte sich verloren und fremd. Niemals würde er den Weg zurückfinden. Die immer stärker werdende Hitze trieb ihm Schweiß auf die Stirn. Er hörte Schritte, viele Schritte, die ganz in seiner Nähe erklangen und von hektischen Brülllauten begleitet wurden. Seine Aufmerksamkeit richtete sich auf den vor ihm liegenden Weg. Er war unbewaffnet, so blieb ihm nur die Flucht nach unten. Hurtig stieg er weiter ab.

Als Madeleine mit Arfalla im Thronsaal der Unterwelt ankam, traute sie ihren Augen nicht. Tief beeindruckt und verzaubert von der Schönheit der glänzenden und leuchtenden Tropfgesteine, fiel ihr

Augenmerk bestürzt auf den Thron aus Gebeinen und glühender Lava. Ortwin war kniend an Hals und Händen daran festgekettet worden. Die Todsünden hockten auf der Treppe zur Empore. Sie hielten ihren Meister und betteten ihn vorsichtig auf ihren Händen. Hurlebaus hatte seinen Kopf in ihren Schoß gebettet und streichelte ihn. Die zwei Pfeile übergab Bombastica an Arfalla. Die Oberhexe konnte den schmerzenden Anblick ihres dahinsiechenden Meisters kaum ertragen. Madeleine spürte, wie die Hexe mit den Tränen kämpfte. In diesem Moment fühlte sie sich ihr nah, denn die Trauer um Sebastian verband sie. Madeleine beobachtete Arfalla und hoffte auf ein Wunder, auf Hexenkünste, auf Möglichkeiten, die ihr ihr eigener Glaube verbot. Die Hoffnungslosigkeit, die sie jedoch in Arfallas Augen sehen konnte, machte ihr Angst. Die Hexe des Zorns wollte sich nicht von ihren Gefühlen überwältigen lassen. Sie schluckte ihre Trauer herunter und fasste sich schnell wieder, um weitere Befehle geben zu können. Wutentbrannt stieß sie die junge Frau in Sebastians Richtung.

»Seht ihn Euch an, Madeleine. Es ist Eure Schuld. Eure Liebe hat ihn zu dem gemacht, was er jetzt ist. Ein verletzliches, menschliches Etwas.«

»Aber warum helft Ihr ihm denn nicht? Ihr könnt doch zaubern. Wenn es nicht mit Zauberkraft geht, dann lasst uns seine Wunden säubern und ihn anschließend verbinden. Ihr könnt ihn doch nicht einfach so verbluten lassen. Wir dürfen ihn doch nicht aufgeben!«, versuchte sie, die umherstehenden Hexen zu überzeugen, und kniete sich sogleich zwischen diese.

Mit einem Zipfel ihres Rockes versuchte sie, das Blut aufzusaugen, das sein Hemd bereits durchtränkt hatte. Sie berührte seine Hand und betete. Die gemurmelten Worte, die aus ihrem Mund kamen, erhitzten und irritierten die Anwesenden für einen Moment, doch bevor diese sich aufregen konnten, wurden sie schon von Ortwins wahnsinnigen Beschimpfungen abgelenkt.

»Dieser Bastard soll sterben! Jetzt, direkt hier! Er hat meinen Bruder umgebracht und dafür soll er in seiner eigenen Hölle schmoren. Werft ihn in die Glut oder direkt ins Feuer, diesen elenden Unheilbringer. Er ist ein Mörder! Ein Mörder! Er soll zu Asche werden und nie wieder auftauchen«, verkündete Ortwin lauthals und wiederholte seine Beschimpfungen:

»Unheilbringer, Mörder, Mörder!«

Bombastica konnte seine Worte nicht mehr ertragen. Kurzerhand ging sie zu ihm und versetzte ihn mit einem kraftvollen Hieb in Ohnmacht. Die Hexe der Maßlosigkeit sank am Thron zusammen, trocknete ihre Tränen und schnäuzte ihre Nase in den kleinen Schleier ihrer Kopfbedeckung.

»Ich bin so unglücklich. Warum?«, schrie sie hemmungslos und löste damit eine Welle der Gefühlsausbrüche aus.

Diadora begann laut zu jammern, Bursalda schluchzte, Giselda wimmerte, Heroika seufzte, Esmeralda zeterte und Lutezia trauerte laut. Ein ohrenbetäubendes Klagen durchzog den Saal. Nur Hurlebaus und Arfalla weinten leise, kaum merkbar für andere, in sich hinein.

Madeleine aber betete unbeirrt weiter. Sie umfasste fest seine Hand, denn sie sah Leben in Sebastian und war nicht bereit, so leicht aufzugeben. Dennoch irritierte sie, wie er immer wieder verständnislos auf- und umherschaute. Sie konnte beobachten, dass auch Hurlebaus in ihrer Trauer etwas verunsichert schien.

Die Oberhexe antwortete noch auf die gestellte Frage der jungen Frau.

»Der, der sich in Gefahr begibt, muss sich selbst helfen können. Das sind unsere Gesetze. Solange er stark war und wusste, wo er hingehört, konnte ihm niemand etwas anhaben. Jetzt hat ein einfacher Pfeil sein Herz durchbohrt! Ein Herz, das fühlt, lebt und liebt.«

Der schwarze Ritter war bis zum Thronsaal vorgedrungen. Entkräftet lehnte er sich an die Wand und spähte um die Ecke. Bevor er nachdenken konnte, wie er am besten vorgehen sollte, schrien die Frauen laut auf und Arfalla sprang mit einem Satz zu Ortwin. In ihren Händen hielt sie die beiden Pfeile, die Sebastian tödlich getroffen hatten. Voller Rachsucht und Groll riss sie ihn mitsamt den Ketten von der Empore und schleuderte ihn mit voller Wucht auf den Boden. Dabei zersplitterten die Gebeine, an denen er angekettet war, mit markerschütterndem Krachen. Aus seiner Ohnmacht unsanft erwacht, kroch er wimmernd vor der Hexe des Zorns davon. Mit jedem Schritt, den sie auf ihn zuging, jagte sie ihn förmlich vor sich her. Als sein Weg an einer Säule endete und er sich kreischend daran festklammerte, rammte sie ihm die Pfeile durch die Hände und heftete ihn daran fest. Ihr Kommando durchschnitt die Luft.

»Nehmt ihn Euch, meine Hexen!«

Die Todsünden stürzten sich, ohne zu zögern, auf den Gefangenen. Madeleine saß weinend neben Sebastian und war erschüttert von dem, was sich vor ihr abspielte. Gernod kam in diesem Augenblick im Thronsaal an. Er zögerte keine Sekunde lang und rannte auf das bösartige Rudel Frauen zu, um sie von dem panisch aufschreienden Königssohn wegzustoßen. Dabei geriet er selbst in deren Fänge und spürte die schneidenden Krallen der Höllengeschöpfe auf seiner Haut.

»Lasst ihn gehen, er ist nicht bei Sinnen! Lasst ihn gehen!«, rief er immer wieder aufgebracht.

Madeleine befürchtete Schlimmes und bangte um Gernod. Sie flehte:

»Oberhexe, bitte helft ihm doch! Er hat nichts Böses getan. Ihm ist befohlen worden, auf den Königssohn achtzugeben. Er wollte Euch nie schaden! Es müssen doch nicht noch mehr Menschen umkommen.«

Mit harter Hand riss die Hexe des Zorns den Ritter aus dem Gemenge und stieß ihn in ihre Arme. Der Ritter und die junge Frau wandten ihre Blicke entsetzt von dem für Ortwin aussichtslosen und tödlichen Gemetzel ab.

»Genug!«, kreischte die Oberhexe, nachdem die Schreie von Ortwin verstummt waren.

Die Hexen ließen gänzlich von ihrem Opfer ab.

Gernod sah mitgenommen aus. Er bat die Oberhexe:

»Lasst uns gehen, bitte. Oder wenigstens Madeleine.«

Arfalla zog wütend ihre Mundwinkel nach unten und tobte:

»Gehen? Ihr wolltet doch unbedingt hier hereinkommen; nun wollt Ihr schon wieder gehen, nach allem, was Ihr angerichtet habt?«

»Wir haben nichts getan, um Euch oder Euer Reich zu schädigen. Ich habe keine Waffe mit und ich trage keinen Zorn in mir, sondern nur Trauer in meinem Herzen für das, was geschehen ist. Ich habe Ortwin nicht bemerkt, sonst hätte ich versucht, das Unglück zu verhindern. Könnte ich meine Fehler wiedergutmachen, würde ich es tun.«

»Ich lasse Euch gehen …«

Ein Raunen der Hexen ging durch den Saal.

»… wenn Ihr mir versprecht, alles zu tun, um Madeleine auf den Thron des Königreiches zu bringen. Es ist schon immer Euer Wunsch gewesen, sie an ihrem rechten Platz zu sehen, ganz so, wie es sich unser Meister auch gewünscht hat. Also will ich mich fügen. Schwört, alles dafür zu tun, und ich lasse Euch frei. Es ist ein fairer Handel.«

Der Ritter nickte, doch Madeleine sagte bestimmt und entschlossen:

»Nein!«

Diadora schluchzte und warf sich auf Sebastian.

»Alles mussten wir aufgeben. Unser Meister ist für diese Idee gestorben. Ihr habt die Verpflichtung, Königin zu werden, sonst war alles umsonst.«

Auch die anderen Hexen platzierten sich wieder um Sebastian herum und knieten sich an seine Seite. Der Ritter sah Madeleine inständig an.

»Sie hat recht. Es war mein Wunsch, Euch dort zu sehen, wo Ihr hingehört. Ich habe Eure Mutter geliebt, Madeleine, aber sie hat sich für den König entschieden. Alles, was ich noch in ihrem Namen für Euch tun kann, ist Euch zu helfen, Königin zu werden.«

Die junge Frau nahm diese Forderung ungeahnt gelassen auf. Sie dachte nach und flüsterte zu Gernod:

»Ihr seid von diesem einen Wunsch besessen, das ist Eure Schwäche. Ich kenne weder Eure noch meine Geschichte genau. Warum ist es für alle so wichtig, dass ich Königin werde? Findet Ihr das Ganze nicht auch höchst eigenartig? Warum ist selbst dem Höllenreich so viel daran gelegen?«

Die Hexen starrten gespannt auf die beiden Eindringlinge und warteten seine Antwort ab. Dabei schauten sie auch zu Arfalla. Der schwarze Ritter überlegte, aber in Anbetracht der Situation antwortete er leise:

»Es ist egal, wir müssen ihnen einen Handel anbieten; wenn sie uns einen Vorschlag machen, gehen wir auch darauf ein.«

»Ihr braucht nicht zu flüstern. Ich kann Gedanken lesen, deshalb rate ich Euch, auf das zu hören, was der

Ritter Euch nahegelegt hat, meine Liebe«, verkündete die Hexe des Zorns.

Madeleine blickte traurig zu Sebastian. Sie beschloss lauthals:

»Niemals werde ich mich mit Euch auf einen Handel einlassen. Niemals!«

Sie nahm Gernod am Arm und lief, so schnell sie konnte, mit ihm zum vermeintlichen Ausgang des Thronsaales. Arfalla lachte bösartig auf, und ehe sich die beiden versahen, standen die Todsünden um sie herum und drängten sie zur Empore.

»Ihr könnt uns nichts vorwerfen. Nichts!«, brachte Gernod zu ihrer Verteidigung vor.

Er betrachtete die Oberhexe aufmerksam in der Hoffnung auf eine positive Reaktion. Diese stolzierte auf ihn zu.

»Ich habe mich mit Euch eingelassen, Euch geholfen und Euch dabei nie etwas vorgemacht. Ich habe Euch gebraucht, Ritter Gernod, aber nun habt Ihr keinerlei Nutzen mehr für mich«, belehrte sie ihn.

»Ich habe für meine Schuld bezahlt. Euer Meister selbst hat mich gerettet, nicht ohne Hintergedanken, nein, mit einem klaren Ziel vor Augen. Ihr könnt und dürft uns nichts mehr anhaben. Wir werden uns zu nichts mehr verleiten lassen, denn alle Lügen und Geheimnisse sind vom Tisch.«

»Seid Ihr Euch da so sicher, dass alle Geschichten schon erzählt sind?«, gab Arfalla zu bedenken und durchdrang ihn mit ihren kleinen funkelnden Augen.

Madeleine fragte keck nach:

»Warum habt Ihr eigentlich Ortwin nicht rechtzeitig bemerkt und Euren Meister gewarnt?«

Die Hexe des Zorns ballte vor Wut die Faust. In diesem Moment öffnete sich die geheimnisvolle Pforte auf der Empore mit lautem Getöse. Ein großer Schatten mit rot leuchtenden Augen und einem eindrucksvollen Zepter in der Hand stand zwischen den herausschlagenden Flammen und dem vorquellenden Rauch. Die Gestalt trat hervor. Ein Raunen ging durch den Saal und alle sahen ehrfürchtig zu der Kreatur, die sich stolz und erhaben auf den Herrschersitz zubewegte. Die schwarzen Stiefel füllten den Raum mit einem altbekannten hallenden Geräusch. Bevor sich die Gestalt auf dem Thron niederließ, schwang diese den Umhang kraftvoll, elegant und tänzerisch umher. Madeleine und Gernod stockte der Atem. Ängstlich hielten sich beide an der Hand. Heroika fiel einfach um, wovon in diesem Moment niemand Notiz nahm. In Arfallas Augen spiegelte sich Unverständnis und Betroffenheit wider. Die Hexen knieten nieder und so verbeugten sich auch Gernod und Madeleine. Allerdings blieb die Oberhexe unbeugsam stehen.

18

Die Suche

Der König und seine Soldaten suchten das Gebiet um das Gasthaus herum ab. Auf der kleinen Lichtung fanden sie Hamilton, der treu auf seinen Reiter wartete. Zito und Ritter Blaubart erkannten sowohl den Hengst als auch das am Boden liegende Schwert sofort. Gieselbund rief erschrocken nach dem König, als er Blutspuren am Boden entdeckte. Einer der Soldaten hob ein Stück Stoff vor dem moosbewachsenen Felsen auf und hielt es in die Höhe. Zito der IV. setzte sich auf den dort liegenden Baumstamm und tat seine Befürchtungen kund:

»Hier ist etwas Schlimmes passiert, Ritter Blaubart. Etwas sehr Schlimmes.«

Hamilton scharrte mit seinem Huf an dem moosbewachsenen Felsen. Immer wieder stupste er den Stein mit der Nase an. Ekkehardt gesellte sich zu dem Hengst, strich ihm über den Hals und nahm die herunterhängenden Zügel auf. Die Männer suchten weiter nach Hinweisen, aber Ortwin, Gernod, Madeleine und Sebastian schienen wie vom Erdboden verschluckt zu sein. Ritter

Blaubart hob das Schwert auf und untersuchte es. Er bemerkte schwarzen Staub an der Schneide.

»Seht, Gernods Schwert ist voller schwarzem Staub, dort vorne sind die Äste im Gestrüpp heftig abgebrochen worden und da sind Blutspuren auf der Erde – falls das überhaupt Blut ist. Der Boden ist mit Schleifspuren übersät, die an diesem Felsen dort enden. Hier liegt ein Stück Stoff, dort ein Lederriemen. Das Pferd steht hier, das andere lief herrenlos herum. Was in Gottes Namen ist hier bloß vorgefallen?«

Gieselbund stellte sich zu Ekkehardt und beobachtete das Pferd des Ritters, welches immer wieder den Fels beschnupperte und mit dem Huf daran kratzte. Der Poet fing an, den Fels zu betasten, klopfte daran und drückte immer wieder mit Schwung dagegen. Die Anwesenden verfolgten dies skeptisch.

»Was macht Ihr da? Versucht Ihr etwa, den Felsbrocken zu verschieben?«, wunderte sich König Zito.

Gieselbund schüttelte nachdenklich den Kopf.

»Es mag verrückt klingen, Eure Majestät, aber ich habe heute schon so viel Eigentümliches erlebt, dass ich mit meinem Verstand überhaupt nichts erklären kann. Warum sollte es in diesem Fall anders sein? Nehmen wir einfach nur mal die Fakten und reihen sie aneinander. Schaut, die Schleifspuren enden hier. Könnte derjenige über den Fels gezogen worden sein? Vermutlich nicht. Es scheint eher, als ob die Spuren unter dem Felsen oder gar dahinter weitergehen würden. Genau hier liegen der Stofffetzen und auch der Lederriemen. Was, wenn jemand oder etwas hineingezogen wurde? Vielleicht wehrte er sich und dabei wurden diese Teile abgerissen? Das Pferd findet den Felsen äußert interessant. Warum? Ist etwas dahinter? Ist da jemand drin? Sein Reiter vielleicht?«

Gieselbund sprang zum König und hüpfte dabei über den vor ihm liegenden Baumstamm. Eindrucksvoll untermalte er mit den Händen, was er sagte.

»Wenn Ihr Euch hierherstellt, könnt Ihr mit etwas Fantasie sehen, dass der Fels eine Art Relief von einem eingeschnitzten Tor hat. Und der schwarze Staub ist meines Erachtens Ruß. Ruß ist dort, wo Feuer ist. Warum gelangt Feuer an ein Schwert? Die dunkle Flüssigkeit am Boden – wenn es Blut ist, ist es recht dunkel. Ist es verbranntes Blut?«

Die Männer schauten mit gerunzelter Stirn, aber keiner wollte sich so recht auf diese abenteuerlichen Interpretationen einlassen, geschweige denn erkannte jemand ein Tor im Steinbrocken. Ekkehardt zuckte mit den Schultern und meinte:

»Früher in den Märchen und Sagen gab es immer Drachen, die in Felsen wohnten und Feuer spuckten. Der Ritter könnte während seines Kampfes gefressen worden sein oder der unhöfliche Drache hat ihn zu Asche werden lassen. Deshalb der Ruß am Schwert, und die anderen beiden sind in den Felsen gezerrt worden. Wenn das so ist, möchte ich hier aber nicht länger bleiben.«

Alle waren in Gedanken bei den Vermissten, denn das mysteriöse Verschwinden und die ausgesprochenen Vermutungen hinterließen ein mulmiges Gefühl. Die Sonne versank mit einem letzten Farbengruß am Himmel hinter dem Horizont. Ratlos standen die Anwesenden umher, außer Gieselbund. Er fand die Idee seines Freundes gar nicht so schlecht. Wenn Frauen mit dem Wind verschwinden konnten, warum dann nicht auch Ritter in Felsen? Er suchte den Felsen weiter ab und klopfte, klopfte, klopfte. Trotz des für ihn abgebildeten Tores konnte er keine hohle Stelle ausmachen. Er grummelte:

»Vielleicht müsste man ihn hochheben oder wegschieben. Wer weiß? Lasst es uns versuchen.«

Der König nickte.

»Ich denke, niemand hat eine bessere Idee, also werde ich Eurer Bitte nachkommen. Es erscheint mir abwegig, aber in Zeiten wie diesen … ist wohl alles möglich.«

Zito konnte selbst nicht glauben, was er da gesagt hatte, aber seine Zuversicht schwand und so war ihm jedes Mittel recht, das wieder Hoffnung aufkeimen lassen konnte. Ritter Blaubart wusste nicht, was er davon halten sollte, und hakte nach:

»Welche unerklärlichen Dinge sind Euch denn heute schon passiert? Ihr hattet da eben so etwas erwähnt.«

Ekkehardt musste sich das Gesehene von der Seele reden.

»Wir hatten Mädchen im Arm und die sind mit einem extrem starken Windstoß davongeflogen. Sie waren plötzlich verschwunden. Einfach weg.«

Der Ritter rümpfte die Nase und sah mit hochgezogener Augenbraue zu seinem König.

»Also, ich weiß nicht …«

»Drückt den Fels weg! Wir müssen alles versuchen«, ließ der König verlauten.

Gemeinsam drückten die Männer mit aller Kraft gegen den Felsen, jedoch ohne Erfolg. Es bewegte sich rein gar nichts.

»Wir könnten die Pferde holen und mit ihnen versuchen, das Gestein hinfort zuziehen, obwohl ich die Idee sehr seltsam finde, aber die Spuren … sehen wirklich aus, als ob sie darunter weitergehen«, schlug Ritter Blaubart vor.

»Es ist schon fast dunkel, erst einmal benötigen wir Fackeln«, gab Ekkehardt zu bedenken.

Gieselbund fluchte:

»Verdammt, irgendetwas ist mit diesem Felsen. Ich spüre es. Lasst ihn uns mit dem Holzstamm, der dort liegt, einrammen.«

Die Männer folgten dem Vorschlag des jungen Mannes mit den blond gelockten Haaren. Sie nahmen all ihre Kräfte zusammen und rannten mit dem Holzstamm auf den Felsen zu. Mit jedem Schritt, den sie ihm jedoch näher kamen, erschien er ihnen größer zu werden. Und so war es. Der Felsen türmte sich mit einem lauten Grollen zu einem Monument auf, bei dem der Eingang immer auffälliger zu erkennen war. Die Anwesenden ängstigsten sich. Ihr König befahl laut:

»Lasst Euch nicht beirren! Zerschlagt und öffnet diesen Eingang.«

»Das ist Teufelswerk, es wird uns teuer zu stehen kommen, wenn wir weitermachen«, rief einer der Gefolgsleute panisch und schritt aus der Reihe.

»Reiht Euch sofort wieder ein, Soldat. Hinter diesem Felsen ist etwas, und was, werden wir herausfinden. Seid tapfer!«, schrie der Ritter und zerrte den Verängstigten wieder zu den Schwung nehmenden Männern.

Einmal, zweimal und ein drittes Mal traf ihre geballte Kraft auf das Gestein, welches einfach nicht nachgeben wollte. Ermattet sanken einige von ihnen zu Boden. In diesem Moment verharrte das Symbol der Festigkeit und hörte auf zu wachsen. Es war wieder still.

»Ich kann nicht glauben, was ich sehe. Es nimmt kein Ende. Felsdrachen, unterirdische Gänge, widerhallende Wände und jetzt das«, äußerte sich Ritter Blaubart aufgebracht.

Ekkehardt hob einen kleinen Stock auf und pikste damit in die eingehauenen Zeichen des Tores. Dabei erklärte er:

»Vielleicht gibt es ein Zauberwort oder eine bestimmte Stelle, die man genau treffen muss, damit es sich öffnet.«

»Wenn die Pferde uns doch nur sagen könnten, was hier passiert ist«, dachte David Blaubart laut.

»Wir sollten zurückgehen. In der Dunkelheit kommen wir nicht weiter und wir sind nicht genug, um dem erfolgreich zu begegnen, was uns vielleicht entgegentreten wird, wenn wir es wirklich schaffen sollten, den Schleifspuren hinein zu folgen. Ich glaube aber, dass Gieselbund recht hat. Dahinter verbirgt sich etwas – etwas Bedrohliches, dem es nicht gefallen hat, dass wir eindringen wollten«, bemerkte der Soldat ruhig.

Alle schauten eingeschüchtert auf den aufgetürmten Felsen, der wie eine Warnung vor ihnen stand. Der König nickte schweren Herzens.

»Ich erkenne das Tor jetzt auch und kann nur für Ortwin, Madeleine und Gernod beten. Was auch immer sich dahinter verbirgt, scheint jedenfalls sehr groß und mächtig zu sein. Wir brauchen Verstärkung!«

Gerade als sich die Männer auf den Weg zum Gasthaus zurückmachen wollten, sank der Fels einfach mit Getöse in sich zusammen und bettete sich harmonisch in die Landschaft ein. Der Boden festigte sich und die Steine bildeten kleine Felsformationen, die nicht höher als ein Ritterhelm waren.

19

Die Offenbarung

Ich hoffe, ihr freut euch alle, mich zu sehen, scherzte das Höllengeschöpf.

»Ich grüße Euch, Usgalman«, entgegnete die Oberhexe daraufhin vorwurfsvoll.

Diadora jubelte:

»Ja, ich wusste es, alles wird wieder gut! Wunder, es gibt Wunder!«

Sofort lief sie zu ihrem Meister, setzte sich auf die Armlehne des Thrones und schmiegte sich an ihn. Überrascht, aber doch freudig erregt, atmeten die restlichen Hexen auf. Hurlebaus kratzte sich an ihrer Nase und schielte vorsichtig zur Oberhexe hinüber, in deren Gesicht tiefe Betroffenheit und Unverständnis zu lesen war. Usgalman schien kraftvoller zu sein als je zuvor. Mit seiner Pranke deutete er auf Gernod und Madeleine.

»Kommt beide zu mir her!«

Angespannt und mit höchster Vorsicht stiegen sie die Stufen zur Empore hinauf. Als beide vor ihm standen, durchzog sein lautes Lachen die Unterwelt. Er sah die Irritierten eindringlich an und fragte:

»Erkennt Ihr mich denn nicht?«

Das Höllengeschöpf stand auf und näherte sich Sebastian, der nun leblos auf der Treppe lag. Mit tiefer Stimme wandte er sich an Madeleine und umfasste dabei das Amulett an seinem Hals.

»Erkennt Ihr dieses Schmuckstück denn nicht?«

Hurlebaus schlug sich gegen die Stirn und nuschelte:

»Ich wusste es, irgendetwas fehlte an ihm. Deshalb war er plötzlich so verwirrt und wusste gar nicht, wo er ist und wer wir sind, geschweige denn was passiert war. Der arme Sebastian war plötzlich wieder er selbst.«

Usgalman verkündete:

»Ich bin zurück – als der, den ihr alle kennt, meine lieben Gespielinnen! Das, was hier liegt, der geschätzte Sebastian Geradville, war lediglich eine Hülle – meine Hülle auf Erden. Eine arme Seele, deren Körper und Geist ich mir zu Eigen gemacht hatte.«

Er schnippte mit den Fingern und Sebastians Körper zerfiel zu Staub. Die Hexen, die ihn gebettet hatten, schüttelten oder bliesen die kleinen Überreste freudig von ihren Kleidern. Gernod schluckte und drückte Madeleine, die völlig apathisch schien, schützend an sich. Die roten Augen des Höllengeschöpfes sahen den Ritter für einen kurzen Moment freundlich an, bevor sie sich wieder in zwei glühende Waffen verwandelten. Usgalman sprach:

»Ihr habt mich überrascht, Gernod von Demian. Euer Mut und Eure Treue haben nicht nur Euch selbst in Gefahr gebracht, sondern auch andere Menschen.

Ich bin beeindruckt von so viel Willen, Hingabe und Liebe. Nicht alles, was Euch lenkt und antreibt, ist frei von Selbstherrlichkeit oder Selbstlosigkeit, aber gerade deshalb seid Ihr nun da, wo Ihr seid: Bei mir – in diesem wundervollen Palast. Letzten Endes habt Ihr nichts von dem retten können, wofür Ihr gekämpft habt. Kein Geheimnis, keinen Königssohn, kein Königreich; und die Fehler, die Ihr begangen habt, konntet Ihr auch nicht wiedergutmachen. Eure Absichten sind nobel, aber Euer erbärmliches Versagen könnte vermuten lassen, dass Ihr ein heimlicher Unterstützer von uns seid.«

Es entbrach ein kreischendes Gelächter der Todsünden über diese Schmach. Das Höllengeschöpf fuhr fort:

»Ihr habt Euch mehr als einmal verführen lassen, um Gutes zu tun. Ob das im Sinne Eures Gottes war, kann ich nicht beurteilen.«

Gernod empörte sich:

»Ich wusste, dass ich Euch nicht trauen kann. Ihr seid ein hinterhältiger …«

Das Höllengeschöpf unterbrach ihn mit erhobenem Zeigefinger:

»Na, na, na … und Euer unsäglicher Zorn. Fühlt Ihr Euch ertappt? Ihr habt einen sehr eigenen Gerechtigkeitssinn und eine eigene Vorstellung davon, wie die Welt zu funktionieren hat. Dafür kämpft Ihr. Dafür habt Ihr Euch mit uns eingelassen. Aber Ihr habt recht, wir können Euch nichts vorwerfen. Ihr habt mir kein Leid zugefügt; keiner Versuchung habt Ihr Euch hingegeben, die Euch selbst direkt bevorteilt hätte.

Ihr habt bei allem, was Ihr getan habt, stets an andere gedacht und seid Euren Idealen und Euren Wünschen gefolgt, die Euch gleichermaßen auch offen für unsere Verführungen gemacht haben. Ihr könnt deshalb gehen – ich lasse Euch frei.«

Besorgt antwortete der Ritter:

»Ich danke Euch, dass Ihr mich gehen lassen wollt, aber ich kann nicht ohne Madeleine gehen. Erlaubt mir, sie mitzunehmen.«

Madeleine hob den Kopf und versuchte, in Usgalman einen Teil des Sebastians zu finden, der sich vor ihren Augen in Staub aufgelöst hatte. In diesem Moment lächelte der Herrscher sie an, doch es war ein selbstherrliches Lächeln, ohne Liebe und Wärme. Ihr Herz wollte vor Enttäuschung zerspringen. Sie sah ihn fragend an und schluchzte:

»Wieso seid Ihr so unehrlich und hinterlistig gewesen? Ich habe immer nur das Beste in Euch gesehen. Ich erkenne Euch nicht wieder. Ihr ward so nett und mir so vertraut. Ihr habt diesen armen Mann nur benutzt und mich auch. Wieso …?«

»Habe ich Euch nicht gewarnt? Gewarnt vor mir? Hat Gernod Euch nicht gewarnt? Ich habe Euch mehrmals gesagt, dass ich nicht bei Euch bleiben kann und Ihr mich hassen werdet. Jetzt wisst Ihr warum«, antwortete er zornig.

Madeleine schüttelte den Kopf und meinte leise:

»Wieso sollte ich Euch hassen? Ich kenne Euch doch gar nicht. Der, den ich geliebt habe, ist gestorben, weil Ihr ihn zu Staub zerfallen lassen habt. Warum habt Ihr ihm nicht wenigsten sein Leben geschenkt?«

»Ich kann keinen Verstorbenen wieder lebendig machen. Ich kann mich nur ihrer Seele und ihres Körpers bedienen«, erklärte er kalt.

Zu Madeleines Traurigkeit mischte sich Wut. So schritt sie ein Stück auf ihn zu und blickte in seine glühenden Augen.

»Warum seid Ihr nicht so bei mir aufgetaucht, wie Ihr jetzt ausseht? Warum habt Ihr mir bei allem etwas vorgespielt? Was sollte das alles?«

Ihre Fassungslosigkeit mündete in Schweigen. Unbeeindruckt setzte das Höllengeschöpf seine Rede in sanftem Ton fort:

»Madeleine – ein schöner Name. Schön und bis vor Kurzem unbedeutend. Jetzt hat dieser Name an Ansehen im Höllenreich gewonnen, denn Ihr seid die Verkörperung der Unschuld und Ehrlichkeit. Eure Liebe hätte mich fast mein Dasein gekostet, weil ich mich auf ein gefährliches Spiel eingelassen hatte, ohne es zu ahnen. Es war unheilbringend für mich selbst, für Euch und für alle, die für und mit uns gekämpft haben, dennoch hat es eine heilvolle Wendung gebracht. Ihr seid nicht mehr dieselbe Madeleine, die das Kloster verlassen hat, ebenso wenig die, die ich gerne aus Euch gemacht hätte.«

Gernod konnte die Aufgebrachte, die in ihrer Verletztheit auf Usgalman zustürmen wollte, gerade noch festhalten.

»Seht mir in die Augen, verdammt!«, schrie sie laut.

Ein Raunen ging durch das Höllenreich.

»Sie hat geflucht!«, huschte Hurlebaus über die Lippen.

»Und sie nimmt sich etwas viel heraus, meine ich. Immerhin ist sie hier nur Gast – hoffe ich. Oder soll sie etwa bleiben? Ich hoffe nicht«, zischte die Hexe des Neids.

Madeleine schaute Usgalman herzerweichend an und fragte:

»War denn wirklich alles gelogen? Eure Augen mögen jetzt glühen, aber ein Teil von Sebastian ist noch in Euch. Irgendwo – ich weiß es. Niemand kann sich so verstellen. Vielleicht habt Ihr Euch jetzt anders entschieden, aber tief in Eurem Herzen …«

»Er hat keins!«, unterbrach Esmeralda, die Hexe des Hochmuts, die Hoffnungsäußerung.

Bursalda, die Hexe der Habsucht, fügte patzig hinzu:

»Finde dich damit ab, Madeleine. Diese ewige Hoffnung der Menschen. Wunschdenken! Nimm es, wie es ist, und hör auf, unseren Meister laufend zu unterbrechen!«

Gernod zog Madeleine tröstend an sich. Hurlebaus huschte zu der jungen Frau, kugelte mit ihren Augen und flüsterte ermutigend:

»Genaugenommen weiß doch gar niemand, ob er nicht doch eines hat. Vielleicht schlägt es ja nur für Euch.«

Bombastica riss die kleine Hexe zur Seite und schimpfte:

»Jetzt reicht es! Mach kein Durcheinander!«

Usgalman lächelte seine kleine Hexe der Trägheit an und schmunzelte. Sie verbeugte sich und zog ehrerbietend und entschuldigend ihren spitzen Hut. Er fuhr weiter in seiner Rede:

»Mein Plan war in dem Moment zunichtegemacht, als mich der erste Pfeil traf. Ich konnte das Gefühl der Sterblichkeit, Verletzlichkeit und Ohnmacht am eigenen Leib erfahren. Es war unerträglich, nicht mehr Herr meiner selbst zu sein. In einem Moment der Gedankenlosigkeit sowie des Zulassens der aufflammenden Sehnsucht nach etwas, das ich zurücklassen musste, habe ich einem niederträchtigen Meuchelmörder Macht über mein Leben gegeben, ohne dass ich die Chance einer Entscheidung hatte. Dank einer warnenden Stimme bin ich in diesem Moment aus dem Körper von Sebastian Geradville gewichen.«

Usgalman stockte kurz und war sichtlich bewegt.

Er wandte sich an Gernod mit den Worten:

»Ihr Menschen seid wahrlich feiger, anmaßender und selbstherrlicher als jedes Höllenwesen. Wir verführen, locken und bezaubern, doch niemals entscheiden wir für euch, das tut ihr selbst. Ich habe in den letzten Monaten mehr über die Menschen erfahren, als mir lieb ist – auch über mich selbst. Ich bewundere euch, wie ihr mit dem Ausgeliefertsein an eure Unzulänglichkeiten und eurer Sterblichkeit gelernt habt zu leben. Macht und Gier, Angst und Vorteil sind nur einige Eigenschaften, die euch alle antreiben und denen ihr euch hingebt. Mit jedem Tag wird es deshalb für uns einfacher werden, die Welt zu erobern. Eines hat mir Eure Geschichte, Ritter Gernod, gezeigt. Es gibt immer die Möglichkeit, umzukehren und zu den Wurzeln des Fehltritts zurückzukehren, bevor man daran zu Grunde geht.«

Er ließ seinen Blick schweifen und schien etwas oder jemand zu suchen, während alle noch gebannt seinen Worten lauschten.

»Euch kann ich am allerwenigsten vorwerfen, Madeleine. Nur eines, dass Ihr für die dunkle Seite eine Herausforderung seid. Deshalb werdet Ihr nie Ruhe vor uns haben. Niemals!«

Das Höllengeschöpf lief die Stufen der Empore hinab und kniete sich neben den geschundenen Körper von Ortwin.

»Auch wenn es Euch schwerfällt, mir zu glauben, Ritter. Es tut mir um ihn leid, aber er selbst hat diesen Weg gewählt. Er bekam eine zweite Chance, die er nicht nutzen wollte. Er hätte mein Pferd nicht nehmen müssen. Ebenso hätte er Euch nicht davonlaufen müssen, dennoch hat er es getan. Er war nur von einem Gedanken besessen, und zwar dem mich zu töten, deshalb behalte ich ihn hier.«

Mit diesen Worten erhob er sich wieder. Der schwarze Ritter konnte Usgalman nicht widersprechen, jedoch nagte an ihm das Versprechen, den Königssohn zu seinem Vater zurückzubringen. Als er im Begriff war, seinen Wunsch in eine Bitte umzuformulieren, sagte Usgalman entschlossen:

»Nein! Er bleibt hier. Seine Seele schmort längst im Höllenfeuer, denn da gehört sie hin.«

In freundlicherem Ton fügte er noch hinzu:

»Ich weiß sehr wohl, dass es dem König ein Anliegen wäre, die Hülle seines Sohnes zu begraben. Aber diese Bitte kann ich Euch nicht gewähren. Geht jetzt! Beide! Aber seid sicher, dass wir uns in der einen oder anderen Form wiedersehen werden. Arfalla, zeige den beiden den Weg nach draußen. Es würde mich betrüben, wenn sie sich verlaufen würden.«

Alle blickten suchend umher. Die Oberhexe war nirgendwo zu sehen. Erbost erkundigte sich das Höllengeschöpf:

»Wo ist sie? Ich will, dass sie sofort hierherkommt.«

Zornig schlug er sein Zepter auf. Hurlebaus trat nach vorn und schaute mit einem mitleidigen Gesichtsausdruck zu ihrem Meister. Er sprang mit einem kraftvollen Satz auf sie zu und brüllte:

»Was weißt du?«

Hurlebaus duckte sich weg und zog schützend ihren Hut vors Gesicht.

»Wenn Ihr Euch aufregt, macht das die Situation nicht besser – ganz im Gegenteil«, tat die kleine Hexe als Einführung zu ihrer Vermutung kund, während sie hinter ihrem Schutz hervorschielte.

Usgalman grummelte und fletschte dabei seine Zähne. Die Hexe der Trägheit atmete tief durch und nahm all ihren Mut zusammen.

»Sie wird gegangen sein. Wisst Ihr, sie fühlt sich vielleicht verraten …«

Weiter kam sie in ihren Ausführungen nicht. Das Höllengeschöpf lief bereits mit donnernden Schritten zurück zu seinem Thron. Hurlebaus rief ihm hinterher:

»Ihr werdet sie nicht finden, wenn sie es nicht will … Ihr müsst wissen …«

Usgalman interessierte sich nicht mehr für das, was die kleine Hexe ihm sagen wollte, und befahl:

»Sucht sie und bringt sie sofort hierher!«

Die Hexen verschwanden eine nach der anderen, um sich auf die Suche zu machen. Usgalman versuchte, Arfalla gedanklich aufzuspüren, es wollte ihm jedoch nicht gelingen. Immer wieder murmelte er:

»Wo ist sie verdammt noch mal hin?«

Seine Entrüstung entlud sich in einem Faustschlag gegen die Wand, der den ganzen Saal zum Beben brachte. Die Pforte öffnete sich und er verschwand im emporsteigenden Rauch, ohne sich noch einmal umzudrehen.

20

Der Weg in die Freiheit

Gernod und Madeleine waren nun allein. Sie zögerte keine Sekunde und rief:

»Kommt, wir nehmen Ortwin mit. Wir sind hier hineingekommen, also finden wir auch wieder hinaus. Schnell, bevor die anderen wieder zurückkommen und bemerken, dass wir hier allein sind.«

Der schwarze Ritter mahnte zur Vorsicht:

»Wir müssen genau überlegen, was wir tun. Wir sind im Reich der Versuchungen und wenn wir uns einer hingeben, kommen wir hier nie wieder raus. Das Höllengeschöpf wollte nicht, dass wir Ortwin mitnehmen. Vielleicht ist es auch besser, dem König diesen Anblick seines Sohnes zu ersparen.«

Die junge Frau widersprach:

»Aber woher wollen wir wissen, welche Möglichkeit eine Versuchung darstellt und welche nicht? Ihr wollt dem König seinen Sohn bringen, damit er ihn begraben kann, oder etwa nicht? Arfalla sollte uns hinausbegleiten und sie ist gegangen. Alle sind weg, also tun wir das, was wir für richtig halten. Wir haben doch sonst gar keine Möglichkeit. Alles könnte eine

Versuchung darstellen, jede Entscheidung, die wir treffen. Er wollte uns doch gehen lassen. Das ist jetzt unsere Chance! Wir wollen nach Hause und der König will seinen Sohn …«

»Und seine Tochter«, fügte Gernod hinzu, was Madeleine bewusst überhörte.

Gleich darauf schlug sie vor:

»Sebastian hat immer gesagt, wir sollen unserem Weg treu bleiben, und das tun wir jetzt.«

Gernod war nicht wohl dabei. Vielleicht hatte das Höllengeschöpf ihnen eine Chance lassen, vielleicht aber auch eine Falle stellen wollen. Zeit zu trauern, gab es nicht, und was hinter den nächsten Ecken der Mauern lauern konnte, wusste niemand. Höchste Vorsicht war also geboten. Mit Unbehagen schulterte er vorsichtig Ortwins Leiche. Sie machten sich zu der Treppe auf, die sie heruntergekommen waren. Madeleine ging voran und nahm sicherheitshalber eine Fackel mit. Immer wieder zweifelten sie an der richtigen Richtung der Abzweigungen; zu verworren waren die unzähligen Biegungen und Querverbindungen des Treppenlabyrinthes. Von unten nach oben erschienen die Wege noch verwobener als umgekehrt. Plötzlich sank Gernod auf die Stufen und stöhnte erschöpft:

»Ich kann nicht mehr. Er ist zu schwer und es geht unaufhörlich hinauf. Mir fehlt die Kraft, Madeleine. Wir müssen ihn hierlassen.«

Die junge Frau sah sich um, dann bemerkte sie:

»Noch ist alles hell, wir müssen dorthin, wo es dunkler wird. Wir traten in einen dunklen engen Gang, als wir vorhin durch den Eingang sind. Dort waren Nischen und die Wände glühten. Von all dem sehe ich nichts. Wir müssen weg vom Licht und den Fackeln.«

Der schwarze Ritter wischte sich den Schweiß vom Gesicht und lauschte.

»Könnt Ihr etwas hören? Ich höre bloß verhallte Stille und das Knistern der Fackeln. Gestehen wir es uns ein. Es war ein Fehler, allein hier herausfinden zu wollen.«

Plötzlich vernahmen sie ein fernes Klopfen. Die Gänge warfen den Hall jedoch derart unkontrolliert zurück, dass sie die Richtung nicht orten konnten. Der schwarze Ritter legte den Königssohn vorsichtig auf den Stufen ab.

»Lasst uns versuchen, zurück zum Thronsaal zu finden«, empfahl Gernod.

Dreimalig heftiges Krachen erschütterte das Gewölbe so stark, dass beide sich an der Wand und den Stufen abstützen mussten, um nicht das Gleichgewicht zu verlieren.

»Die Tunnel stürzen ein. Wir müssen von hier weg.«

Gerade als Gernod das gesagt hatte, fingen die Wände an zu zerbersten. Ein donnerndes Grollen schien von oben herab zu schallen und die Treppen schwankten immer stärker. Die Geräuschkulisse wurde unerträglich. Madeleine hielt sich gerade noch an einem Fackelhalter an der Wand fest, bevor die Stufen unter ihren Füßen wegbrachen. Dabei glitt ihr die brennende Fackel aus der Hand. Der Ritter streckte sofort seine Arme nach ihr aus, um nach der frei Hängenden zu greifen. Madeleine nahm Schwung und sprang ihrem Retter in letzter Sekunde entgegengegen, ehe auch die Halterung mitsamt der Wand ins Nichts stürzte. Gernod stand mit ihr auf den unteren, noch sicheren Treppen. Beide bemerkten erst jetzt, dass die Fackel auf Ortwin gefallen war. Als sie beide auf die züngelnden Flammen, die Ortwin umschlangen, reagieren wollten, bebte es erneut und das ganze Treppengebilde, welches noch stand, wurde von breiteren Rissen durchzogen. Zwischen ihnen und Ortwin tat sich eine unüberwindbare Kluft auf.

Geröll polterte von oben herab und riss den brennenden Leichnam des Königssohnes mitsamt den wegbrechenden Stufen hinab in die dunkle Tiefe. Entsetzt starrten Madeleine und Gernod hinterher, bis die Flammen im Finstern vergingen. In Windeseile packte der Ritter sein Mündel am Arm und zog sie in Panik vor den einstürzenden Wänden weiter. So schnell sie konnten, liefen sie in dem instabilen und einstürzenden Treppenlabyrinth wieder nach unten, um der Steinlawine zu entgehen. Immer mehr Geröll fiel von oben herab, welches es durch den Schwung auch über die immer größer werdenden Spalten des Aufgangs schaffte.

Sie rannten ohne Sinn und Verstand, bis sie in eine vermeintlich sichere Querverbindung einbogen. Getrieben von Angst, hetzten sie immer weiter. Das Geräusch des zusammenstürzenden Treppengewölbes wurde leiser und die Geräusche ihrer eilenden Schritte wieder wahrnehmbar. Beide wurden langsamer, blieben stehen und stützten sie sich völlig außer Atem erschöpft an der Wand ab. Der schwarze Ritter sprach:

»Wir müssen zur Ruhe kommen und nachdenken, bevor wir irgendetwas tun, sonst werden wir irr. Ich brauche eine Pause, solange es hier sicher scheint.«

Madeleine nickte und sah den Ritter mit ihren großen braunen Augen an.

»Ist Euch irgendwann schon einmal der Gedanke gekommen, dass der König vielleicht gar nicht mein Vater ist?«, bemerkte sie.

Gernod schaute erstaunt und schüttelte den Kopf.

»Das ist jetzt weiß Gott nicht der rechte Moment, um über so etwas nachzudenken. Mir wäre es lieber, wir beschäftigen uns mit dem, was uns von hier wegbringen könnte.«

Sie wiederholte den Satz des Höllengeschöpfes:

»Letzten Endes habt Ihr nichts von dem retten können, wofür Ihr gekämpft habt. Kein Geheimnis, keinen Königssohn, kein Königreich; und die Fehler, die Ihr begangen habt, konntet Ihr nicht wiedergutmachen.«

Er zuckte die Schultern.

»Was wollt Ihr damit sagen? Hilft uns das, hier herauszufinden?«

»Vielleicht kämpft Ihr für etwas, dass es gar nicht gibt? Vielleicht habt Ihr nie einen Fehler begangen. Vielleicht gibt es gar kein Geheimnis, sondern nur falsche

Annahmen. Ich fühle mich Euch viel näher als dem König, und dem König bin ich einerlei. Warum wollt Ihr, dass ich Königin werde, warum will das Höllenreich, dass ich Königin werde? Ihr seid mit dem Höllenreich durch diesen Wunsch verbunden. Merkt Ihr das denn nicht? Deshalb seid Ihr deren Werkzeug. Aber warum?«

Sie spürte, dass ihre Gedanken etwas Befreiendes hatten, und so forderte sie den Ritter auf:

»Überlegt genau. Ihr kennt mehr von meiner Geschichte als ich selbst. Ihr kennt sogar die ganze Geschichte des Königreiches.«

Gernod hätte gerne darüber nachgedacht, aber für ihn war es immer noch wichtiger, den Weg nach draußen zu finden. So bot er ihr an:

»Ich verspreche Euch, darüber zu sinnieren. Aber erst, wenn ich bei einem guten Glas Wein im Gasthaus sitze und weiß, dass ich die Nacht in einem weichen, warmen Bett verbringen werde.«

Er schaute sich um, nahm Madeleine an der Hand und lief weiter. Der Gang war eng und glich einem Gewölbe. Feuchte Hitze schlug ihnen entgegen, was das Atmen erschwerte.

21

Die Nacht im Gasthaus

Was hat das zu bedeuten? Wenn ich diese Zauberei allein erlebt hätte und erzählen würde – niemand würde mir glauben.

Fassungslos lief Gieselbund über die Stelle, wo eben noch ein großer Fels gestanden hatte. Er hüpfte zwischen den kleinen Steinflächen umher und stellte klar:

»Fest. Alles fest! Wie geht das? Warum ist der Fels in sich zusammengefallen?«

Die Anwesenden ängstigten sich. Plötzlich kam ihnen der Wald unheimlich vor. Der König nahm Gernods Schwert an sich und rammte es dort in die Erde, wo der Fels in sich zusammengesunken war. Er drehte sich zu seinen Männern und beteuerte:

»Was immer hier passiert ist, dieses Schwert soll uns immer daran erinnern, dass wir niemals aufhören werden, nach ihnen zu suchen. Niemals! Egal welche Mächte sich uns in den Weg stellen werden. Der schwarze Ritter, mein Sohn, Madeleine und Sebastian Geradville sind erst verloren, wenn wir aufgeben. Und wir geben nicht auf. Niemals! Wir werden sie finden, selbst wenn ich mein Leben lang nach ihnen suchen muss. Das schwöre ich hier und jetzt!«

Zito kniete vor dem Schwert nieder, bekreuzigte sich und betete leise. Mit gesenkten Häuptern taten es ihm seine Männer gleich und machten sich alsbald zum Gasthaus auf. Ekkehardt begab sich mit Hamilton an den Zügeln zu Gieselbund und flüsterte:

»Hast du dir schon einmal überlegt, dass das Ganze auch etwas mit der Sage des Tar zu tun haben könnte? Denk doch an die verschwundenen Frauen und jetzt auch noch diese anderen auf mysteriöse Weise verloren gegangenen Personen. Das geht doch nicht mit rechten Dingen zu, das ist Teufelswerk. Wir müssen zurück zum Tar und ihn um Verzeihung bitten. Wir sagen ihm, dass wir seinen Schatz nicht mehr wollen – ich jedenfalls nicht. Vielleicht gibt er dann alle wieder frei.«

Der Poet zögerte mit seiner Antwort, denn so richtig gefiel ihm der Vorschlag seines Freundes nicht. Gieselbund rümpfte die Nase.

»Es kann sein, es kann aber auch nicht sein. Was haben die beiden Frauen mit dem Ritter und den anderen zu tun? Die ganze Zeit schon haben sich seltsame Dinge im Königreich zugetragen. Ich habe es nie geglaubt, aber mittlerweile glaube ich fast jedes Gerücht, das mir zu Ohren kommt oder kam. Lass uns gleich mit dem König unter sechs Augen sprechen, vielleicht sind wir danach etwas schlauer. Und hör auf, so schuldbewusst dreinzublicken, das lässt uns nur verdächtig erscheinen.«

Die Stimmung im Gasthaus war gedrückt. Alle dachten darüber nach, wie sie in dieser Situation helfen konnten oder was zu tun sei. Die Ungewissheit über das, was geschehen war, schürte nicht nur Angst, sondern zusätzlich machte sich das Gefühl der Ohnmacht breit. Die Wirtin schnäuzte sich unentwegt die Nase. Selbstzweifel quälten sie. Immer wieder plärrte sie ungeniert heraus:

»Ich hätte ihn nicht gehen lassen dürfen. Ich hätte einschreiten sollen. Unser armer Gernod. Und ich habe ihn noch so geschimpft.«

Ihr Mann tröstete sie, während er dazwischen das Essen für die Soldaten und den König servierte. Nur eine Handvoll Gäste aus dem Dorf tummelten sich an diesem Abend in der Stube. Sie hatten es sich am Tresen gemütlich gemacht und hörten gespannt den Gesprächen der Soldaten zu. Der König wollte nicht mehr zurück zum Schloss reiten. Er befahl dem ganzen Trupp, im Gasthaus zu nächtigen. Platz war genug, denn die letzten Ereignisse hatten nicht viele Gäste angelockt. Die Wege waren teilweise noch unpassierbar und die Menschen erschöpft von Krieg und Stürmen. Zito war müde geworden und es war ihm wichtig, an dem Ort zu sein, an dem Gernod und Ortwin das letzte Mal gesehen worden waren. In seinem Kopf wurden die Erzählungen von Sybilla zu Bildern, und das so lebendig und echt, dass er aus dieser Traumwelt in seinem Kopf gar nicht mehr raus wollte. Gieselbund setzte sich zum König an den Tisch. Ungewollt schreckte er diesen aus seinen Gedanken. Der junge Poet befand, dass dies ein guter Augenblick für ein persönliches Gespräch mit ihm war.

22

Unerwartete Hilfe

Der Gang schien endlos lang zu sein. Keine Querverbindungen, keine Nischen, nichts, was dem ursprünglichen Weg ähnlich war. Die Fackeln an den Wänden wurden weniger und somit der Gang dunkler.

»Irgendjemand muss die paar Fackeln doch angesteckt haben. Warum begegnen wir niemandem? Wo sind diese seltsam grunzenden Gestalten, die mir vorhin alle begegnet sind? Es wird immer dunkler. Ich rufe jetzt einfach laut. Es ist mir gleich, wer uns hört. Hauptsache, es kommt irgendjemand, der uns zeigt, wo der Ausgang ist«, schimpfte Gernod.

Madeleine lauschte und flüsterte:

»Hört! Das sind Schritte.«

Der schwarze Ritter blieb mit Madeleine an der Hand stehen. Er vernahm diese ebenfalls. Jetzt, wo sie nicht mehr allein waren, schien es ihm doch nicht einerlei zu sein, wer da kam. Bevor sein Mündel rufen konnte, hielt er ihr den Mund zu. Gespannt starrten beide in die Tiefe des Ganges hinein. Gernod atmete kaum und hoffte, dass es keines der bösartigen Höllengeschöpfe war, auf das sie gleich treffen würden. Die Schritte kamen unaufhörlich näher und klangen nun, als wenn jemand unmittelbar vor ihnen laufen müsste. Es war einfach niemand zu sehen. Madeleine und Gernod versuchten angestrengt, durch das flackernde Licht der Fackeln etwas zu erkennen. Gernod lief ein kalter Schauer über den Rücken. Plötzlich verspürte er einen Atemhauch in seinem Nacken und drehte sich vorsichtig um. Zwei funkelnde kleine Augen sahen ihn an. Verhüllt in eine Art Mönchskutte, stand die Gestalt nun dicht vor ihm. Auch Madeleine bemerkte sie nun und wich zusammen mit dem Ritter ein paar Schritte zurück.

»Ihr scheint Euch zu fürchten!«, erklang eine bekannte Frauenstimme.

Die Person schlug die Kapuze nach hinten. Es war Arfalla. Eine gewisse Erleichterung war den beiden Flüchtigen anzusehen. Der schwarze Ritter lächelte sie sogar an.

»Ich bin glücklich, Euch zu sehen, und hoffe, Ihr seid gekommen, um uns zu helfen.«

Die Oberhexe schmunzelte gequält. Madeleine verkündete:

»Das ganze Höllenreich hat nach Euch gesucht. Wieso ward Ihr denn auf einmal verschwunden?«

Arfalla ignorierte die Frage und sagte nur:

»Ich führe Euch zum Ausgang.«

Gernod bemerkte einen traurigen Unterton in der Stimme der Oberhexe. Diese schritt an ihnen vorbei und sie folgten.

»Hat Euch Euer Meister gefunden? Ich denke, er wollte Euch etwas Wichtiges mitteilen. Immerhin habt Ihr ihm das Leben gerettet«, erkundigte sich Gernod.

»Ich gehöre nicht mehr zu den Todsünden. Ich werde gehen. Zu viel ist geschehen, das mich jetzt zwingt, das Höllenreich für immer zu verlassen. Es hätte so viel passieren können, an das ich nicht denken mag. Gefühle sind etwas sehr Eigenartiges, sie verschleiern die Sicht auf die Dinge, wie sie sind. Das Höllenreich sollte im Moment wegen Rührseligkeit und Gefühlsentgleisung besser geschlossen werden.«

Die drei wanderten eine Zeit lang wortlos hintereinander her, bis Arfalla vor einer Steinwand stehen blieb. Sie murmelte ein paar Worte, woraufhin sich die Wand in eine Felsplatte verwandelte, sich teilte und öffnete. Der Duft der einströmenden frischen Nachtluft war etwas Wunderbares. Madeleine und Gernod traten aus dem Höllenreich hinaus, spürten den weichen Boden von Mutter Erde unter ihren Füßen und fühlten sich widerbelebt. Der Mond schien hell und die Sterne funkelten. Vor Freude nahmen sich beide in die Arme und drehten sich einmal um die eigene Achse.

»Ab hier könnt Ihr allein gehen. Es sind noch einige Meter, die Ihr über die Wiese laufen müsst, dann gelangt Ihr an das alte Gasthaus. Dort werdet Ihr sicherlich schon erwartet«, verkündete Arfalla.

Ritter von Demian fragte erschrocken:

»Von wem? Wer weiß, dass wir kommen?«

Die Oberhexe hob besänftigend ihre Hände und antwortete:

»Von Menschen, die sehnsüchtig in Liebe und Hoffnung auf Eure Rückkehr warten.«

Der schwarze Ritter ließ Madeleine los und sah fragend zur Oberhexe.

»So wie Eure?«

»Kümmert Euch nicht um mich, sondern geht.«

»Werden wir uns irgendwann wieder begegnen? Ich meine, jetzt da Euer Meister sich doch bester Gesundheit erfreut, seid Ihr uns doch nicht mehr böse, oder?«

Arfalla blickte starr. Der schwarze Ritter nahm ihre Hand und sprach:

»Ihr habt mich erschreckt, verführt, verletzt, mich benutzt und mich leiden lassen sowie in die Hölle gelockt, aber Ihr habt mir in schweren Zeiten auch geholfen. Nicht meinetwegen, sondern um mir den Weg freizumachen, damit ich Madeleine vor Sebastian beschützen konnte. Und ebenso habt Ihr versucht, ihn vor Madeleine zu beschützen, damit Ihr ihn so wieder zurückgewinnen konntet. Wir hatten irgendwie beide jemanden, auf den wir achtgaben. Ihr habt nicht nur das Höllenreich bewahren wollen, sondern habt auch für Euren Meister gekämpft. Es muss in Eurem Herzen geschmerzt haben, als Ihr dachtet, dass er sterben wird und Ihr es nicht habt verhindern können. Nur bedenkt, der Königssohn, den ich zu beschützen hatte, ist wirklich gestorben. Euer Meister lebt, auch wenn Ihr Euch vielleicht von ihm verraten fühlt, weil er Euch im falschen Glauben gelassen und in seine Pläne nicht eingeweiht hatte. Geht nicht, bleibt dort, wo Ihr hingehört. Das Höllenreich braucht Euch. Ihr habt gekämpft und das erreicht, was Ihr wolltet.«

Die Oberhexe war sichtlich bewegt und schüttelte den Kopf.

»Nein, dafür ist es jetzt zu spät, Ritter. So wie Ihr Euch gewünscht habt, dass jemand ganz bestimmte Worte an Madeleine richtet, so wünschte ich mir, dass die Worte aus Eurem Mund von ihm gekommen wären. Mein Verstand ist nicht frei von verbotenen Gedanken und so verfälschen meine Gefühle meine Wahrnehmung. Das ist einer Oberhexe nicht würdig. Ich hätte bemerken müssen, dass die Pfeile nur noch die Hülle eines seelenlosen Körpers durchbohrt hatten, der sich an mich lehnte. Ich habe im Reich der Todsünden nichts mehr verloren.«

»Aber Liebe gibt es überall, genau wie es überall Zorn gibt. Wenn Ihr ein wenig davon zulasst, nur ein ganz klein wenig, dann kann Eure dunkle Seite doch trotzdem bestehen«, warf Madeleine hoffnungsvoll ein.

Die kleine Pforte begann sich zu schließen. Gernod spürte, wie Arfallas Finger aus seiner Hand glitten. Sie trat zurück. Er wollte noch einmal nach ihrer Hand greifen und rief:

»Wartet bitte. Ihr müsst doch nicht sofort gehen. Ich weiß nicht einmal Euren Namen!«

Die Steinplatten schlossen sich und in Sekundenschnelle fiel die kleine Pforte mit den kleinen Hügeln in sich zusammen. Eine leichte Brise kam auf und zerstreute die wenigen Überbleibsel als Sandkörner über die Wiese. Dann war es still. Gernod und Madeleine standen fast andächtig da. Die junge Frau lächelte ihren Begleiter an.

»Sie heißt Arfalla. So sagte das Höllengeschöpf jedenfalls zu ihr.«

Beide machten sie sich auf den Weg zum Gasthaus. Als sie über die Wiese liefen, schaute Gernod immer wieder sehnsüchtig dorthin zurück, wo gerade noch die Pforte zur Unterwelt gestanden hatte. Seine Begleiterin nahm ihn am Arm und schmunzelte.

»Manchmal entscheidet das Schicksal, wie sich Begegnungen entwickeln. Vielleicht seht Ihr sie schneller wieder, als Ihr denkt.«

»Ich weiß nicht, was Ihr meint«, grummelte der Ritter.

Schlagartig bäumte sich aus dem Nichts Usgalman vor ihnen auf. Seine roten Augen leuchteten bedrohlich.

»Wie seid Ihr aus meinem Reich entkommen?«

»So, wie Ihr es befohlen hattet. Arfalla hat uns den Weg gezeigt«, erklärte Madeleine verängstigt.

Das Höllengeschöpf schien äußerst erbost und ungehalten.

»Sie hat alles genauso gemacht, wie Ihr es befohlen hattet. Es gibt keinen Grund, zornig auf sie zu sein. Wir hatten erst versucht, den Weg allein nach draußen zu finden, aber …«

Die junge Frau stoppte ihren Redefluss und fügte hinzu:

»Ihr wisst es ja eh. Warum soll ich Euch das erzählen?«

Usgalman beugte sich zu ihnen hinunter und knurrte:

»Sie ist verschwunden und niemand kann sie finden. Wie kann das sein, wenn sie Euch hinausgeleitet hat?«

Der schwarze Ritter wunderte sich laut:

»Habt Ihr etwa nicht bemerkt, wie traurig und betrübt sie war? Ich denke, wir werden Euch nicht helfen können. Eben stand sie noch da und dann war sie weg mitsamt dem Ausgang aus Eurem Reich. Kann sich eine Hexe vor ihrem Meister etwa unsichtbar machen?«

Das Höllengeschöpf musterte ihn und tippte ihn mit seiner Kralle an.

»Würdet Ihr es mir denn sagen, wenn Ihr wüsstet, wo sie ist? Oder hält Euch etwas davon ab?«

»Ihr habt mit mir auf unsere Freundschaft getrunken. Natürlich würde ich es Euch sagen.«

Bei diesem Satz versuchte Gernod, überzeugt dreinzublicken, aber selbst Madeleine merkte, worauf das Höllengeschöpf hinauswollte. Gernods Gedanken rasten und so wollte er Klarheit zu den Vorfällen.

»Ich habe oft an Euch gezweifelt, deshalb sagt mir ehrlich, habt Ihr uns in den Gängen unserem Schicksal überlassen? Erst wollt Ihr, dass Arfalla uns hinausführt, dann ist sie nicht mehr aufzufinden und kurz darauf seid Ihr erbost sowie überrascht darüber, dass sie es wirklich getan hat.«

Usgalman legte seine Stirn in Falten.

»Arfalla, den Namen habt Ihr Euch also schon gemerkt. Habt Ihr Euch mit Ihr verbündet?«, fragte er wütend.

»Nein! Und was geht Euch das an? Ich will von Euch wissen …«

Usgalman schrie wütend:

»Vergesst nicht, Ihr habt mit Sebastian Geradville auf Eure Freundschaft getrunken. Was Ihr wollt, ist für mich, Usgalman, nicht von Bedeutung. Ich muss Euch keine Rechenschaft für das ablegen, was in Eurem jämmerlichen Leben passiert.«

»Ach, so ist das, dann zählt der Schwur, den wir uns gegeben haben, also überhaupt nicht mehr? Ich wusste, dass ich Euch nicht trauen kann.«

Madeleine fuhr unter Tränen dazwischen:

»Welcher Schwur? Was habt Ihr ihm geschworen? Wieso habt Ihr Euch mit ihm eingelassen? Ich dachte, Ihr seid ehrlich zu mir?«

Usgalman kniete sich vor die plötzlich sehr aufgeregte Madeleine und legte seine großen Pranken besänftigend um ihre Schultern.

»Es gibt nur einen Menschen, nur einen in Eurem Leben, dem Ihr immer vertrauen könnt. Er wird immer versuchen, alles zum Besten zu richten – für Euch. Wenn es darauf ankommt, wäre er sogar bereit, sein Leben für Euch zu geben. Dennoch ist er ein Mensch; und wenn Ihr mir vorhin richtig zugehört habt, dann wisst Ihr, dass er sehr eigene Wege gehen musste, um

Euch zu beschützen. Er hat mit dem Mann Freundschaft geschlossen, in den Ihr Euch sogar verliebt habt. Könnt Ihr ihm das verdenken?«

Madeleine schüttelte traurig den Kopf und wollte immer noch nicht fassen, dass es Sebastian nicht mehr gab. Gernod war peinlich berührt von den Worten des Höllengeschöpfes über seine Person. Usgalman konnte in Madeleines Augen eine große Verwundbarkeit in ihrem Herzen erkennen. Bevor er sich versah, umarmte sie ihn fest.

»Ihr seid nicht gestorben. Und Ihr seid nicht nur böse. Es ist so, wie ich es gesagt habe, oder?«

Das Höllengeschöpf erwiderte wortlos die Umarmung, löste sie dann aber und schob Madeleine zu Gernod. Usgalman sah den Ritter kritisch an und druckste:

»Ich bin Eure Herausforderung und Ihr … bleibt meine. Und bildet Euch nicht ein, dass Ihr von mir irgendetwas geschenkt bekommt. Das einzige *Geschenk*, das Ihr von mir erhaltet, ist meine Ehrlichkeit. Das habe ich Euch versprochen. Aber jetzt muss ich dringend Arfalla finden.«

Im selben Moment knallte ein Kugelblitz auf die Erde, der einen kleinen Krater hinterließ und eine Menge Staub aufwirbelte, aus dem Hurlebaus heraustrat. Aufgeregt zog sie ihren Meister am Arm.

»Ich habe sie gefunden. Schnell, kommt, sie will gehen und nie mehr zurückkommen. Ich kann Euch sagen, Ihr werdet Euch ganz schön anstrengen müssen, um sie vom Gegenteil zu überzeugen. Hurtig!

Keine Zeit verlieren, sonst können wir sie nicht wieder einholen. Auf dem Weg erkläre ich Euch dann mal etwas zum Thema Vertrauen, Treue und den Wahrnehmungsstörungen durch die Liebe.«

»Hör auf, mich so zu ziehen!«, drohte Usgalman der kleinen Hexe mit ausgestrecktem Zeigefinger.

Sie blickte zu ihm auf und äußerte bedächtig:

»Wisst Ihr, wir alle dachten, Ihr seid verloren, als die Pfeile in Euch steckten – das war nicht schön.«

»Ja, es hat gutgetan, Euch um mich weinen zu sehen. Ich kann mir nun sicher sein, dass Euch etwas an mir gelegen ist, warum auch immer«, grinste das Höllengeschöpf selbstherrlich.

Die kleine, dicke Hexe schimpfte:

»Ja, ein wenig, aber wir wären sicher darüber hinweggekommen. Nur eine nicht, und wenn Ihr die jetzt nicht auf der Stelle einfangt, dann habt Ihr sie für immer verloren, da bin ich mir sicher.«

»Manchmal muss man etwas verlieren, um etwas anderes dazuzugewinnen«, bekannte Gernod nachdenklich.

Bei seinen Worten trafen sich die Blicke von Madeleine und Usgalman. Er lächelte verzückt und nickte ihr hochachtungsvoll zu. Dann wandte er sich noch einmal an Gernod.

»Habt Ihr Euch eigentlich schon einmal Gedanken darüber gemacht, warum sich Madeleine Euch viel näher als dem König fühlt? Vielleicht seid Ihr von etwas besessen, dass es so gar nicht gibt? Denkt einfach mal darüber nach.«

Madeleine erkannte ihre eigenen Gedankengänge wieder und rief freudig:

»Ihr habt uns belauscht! Und ich habe recht. Ich wusste, dass der König nicht mein Vater ist, aber Gernod ist es! Habe ich recht, Sebastian? Höllengeschöpf? Sagt mir die Wahrheit! Bitte!«

Der schwarze Ritter war verwirrt.

»Was meint Ihr damit? Was soll das denn jetzt bedeuten? Es hilft uns nicht weiter, wenn Ihr uns nicht sagt, was Ihr wisst ...«

Bevor der Satz zu Ende war, ergriff das Höllengeschöpf Hurlebaus und verschwand zusammen mit ihr in einem Lichtblitz am Horizont. Gernod murrte:

»Ich hasse so etwas. Diese seltsamen Mutmaßungen, was soll das? Wieso sollte der König nicht Euer Vater sein? So viele Männer gab es nicht in Magdalenas Leben.«

Er bemerkte einen freudigen Gesichtsausdruck bei Madeleine. Wütend nahm er ihre Hand und zog sie hinter sich her.

»Außerdem könnte man fast meinen, es liegt ihm etwas an seiner Oberhexe. Freue ich mich darüber? Ich weiß nicht. Das bringt doch nur weiteres Durcheinander …«, sinnierte der Ritter.

Madeleine aber schien glücklich zu sein und lief lächelnd neben ihrem Beschützer her. Sie konnten das Licht des Gasthauses bereits erkennen und beschleunigten ihre Schritte.

23

Die Zusammenkunft

Der König lauschte gespannt Gieselbunds Erzählung über die verschwundenen Frauen. Alles deutete auf das Werk teuflischer Mächte hin, da waren sie sich einig. Die möglichen Gründe für Gernods Verschwinden und das der anderen entfachte eine hitzige Diskussion. Alle wussten allerlei Kluges beizutragen, hatten etwas gehört oder vermuteten die wildesten Zusammenhänge. In all dem Stimmengewirr bemerkte niemand, wie die Tür zum Gastraum behutsam geöffnet wurde. Still standen Madeleine und Ritter von Demian am Eingang und genossen das vertraute Stimmengewirr und den Duft der Speisen, die auf den Tischen standen. Beide sahen schwer mitgenommen aus. Gernods Kleidung war zerrissen, er hatte etliche Kratzspuren sowie andere Blessuren und war, genau wie Madeleine, von oben bis unten dreckig und verstaubt. Sybilla schrie laut auf und zeigte mit großen Augen auf die beiden Ankömmlinge. Schlagartig war es still im Gastraum. Der König fand keine Worte für das empfundene Glück, sprang einfach auf und fiel beiden um den Hals. Sybilla tat es ihm nach und umarmte gleich alle drei.

Der blaue Ritter eilte zu Gernod und schlug freundschaftlich auf dessen Schulter.

»Ihr seid ein Teufelskerl, Gernod. Wir dachten, Ihr seid tot – und so seht Ihr auch aus, aber … Ihr seid einfach ein Teufelskerl.«

Dieser Begriff hatte eine ganz neue Bedeutung für Gernod und gefiel ihm deshalb nicht sonderlich. In diesem Moment der Freude sah er allerdings darüber hinweg und umarmte sein Freund. Der König schaute sich um und fragte:

»Wo ist mein Sohn Ortwin? Wo ist der Fremde?«

Gernod und Madeleine schwiegen, aber ihre Blicke verrieten, was sie nicht auszusprechen vermochten. Der Ritter fiel vor seinem König auf die Knie, senkte sein Haupt und sagte traurig:

»Ich habe sie verloren; alle beide. Wir haben gegen gewaltige Mächte gekämpft, mein König. Euer Sohn war tapfer und mutig, aber ich konnte ihm nicht mehr helfen.«

Alle schwiegen.

»Und Geradville?«, unterbrach der König die erdrückende Stille.

»Zerfallen zu Staub. Es ist direkt vor unseren Augen geschehen.«

Zito der IV. nickte und legte seine Hand auf Gernods Haupt.

»Ich weiß, dass Ihr Euer Bestes gegeben habt, treuer Freund. Ruht Euch nun aus, lasst Eure Wunden behandeln und speist ausgiebig, damit Ihr wieder zu Kräften kommt. Wir alle werden die Nacht über hierbleiben.«

Der König lächelte Madeleine verkrampft zu, als er zur Ausgangstür schritt. Sie wollte ihm folgen, doch er hob seine Hand.

»Ich muss einen Augenblick für mich allein sein. Macht Euch keine Gedanken, sondern stärkt Euch erst einmal. Ich bin froh darüber, dass Gernod wenigstens Euch retten konnte.«

Der Abend wurde lang. Madeleine und Gernod mussten immer wieder von Neuem erzählen, was ihnen alles widerfahren war. Von den Gestalten, die sie dort getroffen hatten, dem Labyrinth und den Hexen – nur eines ließen sie aus: Wie Ortwin zu Tode kam und warum. Der Tod von Sebastian wurde nur kurz erwähnt. Stattdessen füllten sie die Neugierde der Leute mit Beschreibungen der Hölle, die ihre Fantasie anspornte und das Interesse an dem, was wirklich geschehen war, schmälerte. Die Wahrheit war nur für den König und Ritter Blaubart in einer stillen Stunde bestimmt.

Gieselbund hörte den beiden aufmerksam zu und stellte viele Fragen. Er wurde kreativ beim Aufschreiben der Begebenheiten, die seine mutmaßlichen Ausschmückungen sowie seine poetische Begabung zur Höchstform auflaufen ließ. Madeleine amüsierte der lebenslustige blonde Mann, der sie an diesem Abend oft zum Lachen brachte. Sie dachte immer wieder an Sebastian und wünschte sich, er wäre auch hier. Gieselbund fiel sehr wohl auf, dass Madeleines Gedanken hier und da abschweiften. Trotzdem hatte er Gefallen an der jungen Frau gefunden und bekundete keck:

»Wenn Ihr dieses merkwürdige Gewand nicht tragen würdet, käme Eure Schönheit viel mehr zur Geltung.«

Madeleine konnte sich an die Worte erinnern. Sebastian hatte sie im kleinen Empfangsraum beim König fast genauso zu ihr gesagt. Fragend sah sie den blonden Mann an ihrer Seite an. Der stutzte und erkundigte sich:

»Was? Hat Euch das noch niemand gesagt? Ihr müsst meine Offenheit entschuldigen, aber wieso wollt Ihr ins Kloster gehen? Ihr habt von dieser Welt doch noch gar nichts gesehen. Und ich finde, dass es schade wäre, wenn Ihr Euch hinter Mauern verkriechen würdet.«

Madeleine spielte verlegen mit den Händen an ihrem Becher.

»Nein, so hat es noch nie jemand zu mir gesagt.«

Gieselbund knuffte sie in den Arm und meinte mit einem charmanten Lächeln:

»Dann wurde es höchste Zeit, dass es mal jemand getan hat.«

Mit dem Sonnenaufgang am nächsten Morgen wurde es im Königreich fast wieder so ruhig, wie es einst war, bevor die beiden Königssöhne angefangen hatten, ihr Unwesen zu treiben. Trotzdem konnte auch der Sonnenschein nicht darüber hinwegtäuschen, dass der König in Trauer war. Die letzten Monate hatten Hochbergen verändert und große Einschnitte im Leben und den Seelen der Menschen hinterlassen.

24

Das Leben geht weiter

Das Königreich von Hochbergen fand wieder in das alltägliche Leben zurück. Die Menschen widmeten sich den Dingen, die das Leben ausmachten. Deshalb wurde wie früher zusammen getrauert, gefeiert, gestritten, getanzt, gebetet, gefeilscht, gesungen und sich geliebt oder gehasst. Dennoch hatte jeder eine eigene kleine Geschichte aus den Unruhen getragen, mit der er lernen musste, zu leben. Ritter Gernod von Demian verließ das Königreich vorerst nicht. Er beobachtete lieber, wie Madeleine sich dem weniger kirchlichen Leben hingab, und ertappte sie des Öfteren dabei, wie sie mit Gieselbund über die Wiesen von Hochbergen spazierte. Gernod befand, dass es an der Zeit war, seinem Mündel alles zu erzählen, was er über sie wusste. Dabei sparte er auch seine Beziehung zu ihrer Mutter nicht aus – und auch nicht die des Königs. Er ließ es sich auch nicht nehmen, sie ihrer Familie, den Mieghams, vorzustellen. Ihre Großeltern und ihr Onkel schämten sich zunächst, den ihnen bekannten Gerüchten nicht nachgegangen zu sein, um herauszufinden, ob die berühmt-berüchtigte Nonnenanwärterin in diesem Königreich nicht doch ihre Enkelin oder Nichte war. Madeleine verzieh dies alles, zu sehr freute sie sich, endlich ihre Familie gefunden zu haben.

Der König drückte sich weiterhin davor, Madeleine als seine Tochter anzusehen, und mied das Thema. Ritter von Demian störte dies nicht mehr. Im Gegenteil – er genoss es, mit anzusehen, wie Madeleine aufblühte und sie endlich beschloss, zu ihren Großeltern zu ziehen. Ihre Großmutter hatte die Kleider ihrer Tochter Magdalena aufgehoben und legte diese am Abend des Einzuges ihrer Enkeltochter auf die Kleidertruhe in deren Kammer. Am darauffolgenden Tag betrat die junge Frau den Wohnraum nicht in ihrem kirchlichen Gewand, sondern trug, zur Freude aller, ein Kleid ihrer Mutter. Madeleine beschloss, das Handwerk des Webens zu erlernen, und stellte sich wie einst ihre Mutter zusammen mit ihren Großeltern auf den Markt.

Gieselbund arbeitete hart daran, ein anerkannter Poet zu werden. Als er Madeleine in dem Kleid ihrer Mutter das erste Mal auf dem Marktplatz sah, verliebte er sich aufs Neue und machte nun keinen Hehl mehr daraus. Er ließ Gernod rufen und führte ihn direkt zum Marktstand der Weber. Madeleine in diesem Kleid zu sehen, an diesem Platz, überwältigte ihn und machte ihn gleichzeitig unendlich stolz. Er sah in ihr seine Magdalena.

»Ich möchte um die Hand Eures Mündels anhalten, verehrter Ritter. Gestattet mir, sie zur Frau zu nehmen«, tat Gieselbund verheißungsvoll seinen Antrag kund.

Völlig aus dem Rausch seiner Gefühle gerissen, antwortete Gernod:

»Was faselt Ihr da? Nein! Verdient erst mal ein paar Taler, um eine Familie ernähren zu können. Dann vielleicht, später … irgendwann.«

»Ich bin Künstler, Poet, da muss man andere Maßstäbe ansetzen. Es geht um die Kunst, den geistigen Ursprung, den ich verbreite. Das kann man nicht mit Silberlingen bemessen, sondern ist unbezahlbar.«

»Eben, deshalb wird man auch nicht davon satt, weil niemand dafür bezahlen kann und bezahlen will«, sprach er mit einem Augenzwinkern und klopfte dem Poet auf die Schulter.

Madeleine wusste, dass Gernod eines Tages einwilligen würde, aber eben jetzt noch nicht. Der Tar offenbarte übrigens keinen Schatz, egal wie oft Madeleine und Gieselbund sich dort heimlich küssten. Hin und wieder, wenn Gernod mit Madeleine den Benediktinerorden besuchte und sie zu später Stunde zurückkehrten, glaubten beide in der Dunkelheit der Nacht, Hexen am Himmel auf ihren Besen fliegen zu sehen. Den schwarzen Hengst, der einst Sebastian gehört hatte, behielt Madeleine. So hatte sie etwas, durch das sie sich ihm nahe fühlte – und ihre verlorene Liebe blieb mehr als nur eine Erinnerung.

Gernod war mehr als beruhigt, Madeleine auf ihrem Weg in ein eigenständiges, glückliches Leben zu sehen. Trotzdem wünschte er sich weiterhin, dass sie eines Tages Königin dieses Landes sein würde, wenn die Zeit dafür gekommen war. Madeleine interessierte sich allerdings weder für den Thron noch für den König. Der schwarze Ritter erwischte sich selbst dabei, wie er in stillen Stunden von Arfalla träumte. Ihr Gesicht hatte sich bei ihm eingebrannt und so fragte er sich, ob er sie jemals wiedersehen würde.

Arfalla kehrte nach Usgalmans immenser Überzeugungsarbeit ins Höllenreich zurück. Und trotzdem beunruhigte ihn ihr leidvoller Gesichtsausdruck, wenn sie sich unbeobachtet und anscheinend einsam fühlte. Denn selbst wenn sie ihn anlächelte, schimmerte durch ihre Augen eine befremdliche Traurigkeit, die auch Usgalman berührte. So schenkte er ihr mehr Aufmerksamkeit als je einer anderen Hexe zuvor. Seine Gespielinnen fanden das nicht in Ordnung, außer Hurlebaus. Sie hatte endlich wieder ihre Ruhe und konnte ihre Trägheit hervorragend ausleben – oder sollte man besser sagen: ausschlafen?

Usgalman hatte scheinbar seine Ordnung in der Unterwelt wiederhergestellt und seinen Auftrag erfüllt. Im Königreich lief offensichtlich alles wieder in geordneten Bahnen. Selbst Renée Claude, den Friseur des Königs, hörte man wieder durch das Schloss rufen:

»Oh, mein König, Euer Bart sieht wieder aus wie ein abgeknabberter Eichhörnchenschwanz. Quelle grande confusion. Ich bin untröstlich, das sagen zu müssen, es sieht furchtbar aus.«

25

Eine andere Geschichte beginnt

Eines Tages unternahm Madeleine einen gemeinsamen Ausritt mit dem schwarzen Ritter. Ihr lag etwas auf dem Herzen, das sie mit ihm besprechen wollte. Ihr Weg führte am alten Gasthaus vorbei und so überlegte sie laut:

»Wolltet Ihr nicht mit mir bei einem Glas Wein über eine bestimmte Frage nachdenken?«

»Ich habe schon darüber nachgedacht. Und dazu kann ich Euch folgendes kundtun: Es ist mir gleich, wer Euer Vater ist. Wir werden es nicht mehr herausfinden können. Ihr seid ein Teil von Magdalena, und das ist alles, was für mich zählt. Ich habe Euch lieb gewonnen und möchte Euch nicht mehr missen. Mehr gibt es dazu nicht zu sagen, und *NEIN,* ich finde, Gieselbund darf sich ruhig noch etwas gedulden«, sprach der Ritter und blinzelte ihr zu.

»Aber wir könnten dennoch einen Wein trinken, in Erinnerung an alte Zeiten und alles, was wir gemeinsam erlebt haben«, schlug Madeleine vor.

Gernod nickte.

»Das können wir gerne tun. Im Gasthaus hat alles begonnen und irgendwie auch geendet.«

Als sie von ihren Pferden abstiegen, kam ein altes Mütterchen mit Kopftuch, Schürze und einem Gehstock des Weges. Sie zog eine Karre mit Haselnüssen hinter sich her.

»Seid gegrüßt!«, krächzte sie mit rauer Stimme.

»Ich habe nahrhafte Haselnüsse dabei. Wollt Ihr mir nicht welche abkaufen?«

Gernod verneinte:

»Mütterchen, wir benötigen keine Haselnüsse, aber vielleicht werdet Ihr sie hier im Gasthaus los. Und wenn Ihr dann noch welche übrig habt, fragt in der Schlossküche nach, die kaufen einem armen Mütterlein wie Euch sicherlich ein paar Handvoll ab. Sagt, dass ich Euch schicke.«

»Oh, Ihr seid zu gütig. Wer seid Ihr eigentlich?«, fragte sie nach.

Gernod wunderte sich.

»Seht meine Kleidung, mein Schwert …«

Die Frau betastete ihn.

»Oh, Ihr seid wohl ein Ritter? Verzeiht, ich sehe nicht mehr ganz so gut.«

»Entschuldigt, das hatte ich nicht bemerkt. Ich bin Gernod von Demian, der schwarze Ritter des Königs.«

»Ah, dann seid Ihr der berühmte und tapfere schwarze Ritter, der in der Hölle gekämpft hat.«

Dem schwarzen Ritter war diese Feststellung unangenehm, so antwortete er:

»Es wird vieles erzählt und oft auch einiges hinzugedichtet. Jeder Ritter kämpft und verteidigt das Königreich, in dem er zu Hause ist.«

Dann wandte sich das Mütterlein an Madeleine.

»Seid Ihr die junge Frau, der man nachsagt, dass sie die heimliche Tochter des Königs ist?«

»Nein, sie ist nicht die Tochter des Königs und schon gar nicht eine *heimliche Tochter*«, erklärte der schwarze Ritter ungehalten.

Das Mütterchen zupfte sich das Kopftuch zurecht und erwiderte keck:

»Woher wollt Ihr das so genau wissen, Ritter? Oder seid Ihr nicht die junge Madeleine Miegham?«

Obwohl die Frau immer wieder zu Madeleine sprach, mischte sich Gernod ein:

»Warum zieht Ihr nicht einfach Eures Weges und verkauft Eure Haselnüsse? Ich habe Euch doch gesagt, dass sie nicht die Tochter des Königs ist. Wie kommt Ihr darauf?«

Sie schubste ihn unsanft mit ihrem Gehstock.

»Wie kommt Ihr darauf, dass sie es nicht ist? Hä? Man spricht halt so einiges im Königreich.«

»Ich habe das Gerücht noch nicht gehört«, widersprach er.

Sie schaute ihn mit ihren funkelnden kleinen Augen an.

»Ihr scheint so vieles nicht hören und sehen zu wollen, mein Ritter. Ihr habt ja auch nur ein Auge, aber vielleicht hört Ihr ja auch nur auf einem Ohr. Wenn Ihr Euch da so sicher seid, dann sagt mir, wessen Tochter Ihr seid, meine Liebe?«

Der Ritter rümpfte die Nase und ließ das Mütterchen ungehalten wissen:

»Ich weiß nicht, was Euch das angeht, aber wenn Eure Neugierde dann endlich gestillt ist und Ihr versprecht weiterzuziehen, sage ich es Euch: Meine!«

Die Augen des Mütterchens weiteten sich.

»Ach so?«

»Und jetzt dürft Ihr durch das Land ziehen und es überall erzählen. Aber vergesst nicht dabei, Eure Haselnüsse zu verkaufen.«

»Oh, wie bedauerlich. Der König wird älter und hat keine Nachkommen. Was passiert dann mit dem Königreich? Wem fällt es dann zu? Mir wäre wohler zumute, es würde von Euch regiert werden, Madeleine. Auch wenn Ritter Gernod ein stattlicher Mann ist, so ist er doch kein König. Wie schade, wir hatten alle die Hoffnung …«

Das Mütterchen zog wieder ihres Weges weiter. Madeleine lächelte schüchtern, aber auch stolz, den Ritter an.

»Es fühlt sich gar nicht so schlecht an«, besann sich der Ritter.

Er wiederholte beim Hineingehen in das Gasthaus:

»Tochter, Tochter Madeleine, meine Tochter. Ja, ich werde mich daran gewöhnen.«

Madeleine grinste nur und sah dankend zum Himmel hinauf.

Im Schloss saß König Zito auf einem Stuhl und wartete auf seinen Frisör. Als Renée Claude eintrat, rief dieser aufgebracht:

»Ich bin untröstlich, Majestät, man hat mich aufgehalten. Ich mache sofort aus Euch den schönsten Mann der Welt.«

Zito sah in einen Handspiegel und begutachtete sein Abbild.

»Der Schönste im Königreich würde mir schon reichen.«

Der Frisör schnappte sein Werkzeug und machte sich ans Werk. Dabei erzählte er:

»Stellt Euch vor, Majestät. Eine Frau hat Haselnüsse in der Küche verkauft und erzählt, dass Gernod von Demian eine Tochter hat. Könnt Ihr Euch das vorstellen? Niemand hat das gewusst. Dieser Schlingel hat Geheimnisse. C'est unglaublich, welcher faut pas. Wo war sie versteckt?«

»Ach, Tratsch der Leute«, warf der König zur Ablenkung dazwischen.

»Ich bin erneut untröstlich, Majestät, aber ich habe genauso reagiert wie Ihr und habe sie persönlich gefragt. Sie hat ihn getroffen und er hat die junge Madeleine Miegham als *meine Tochter* vorgestellt, also *seine Tochter*. Ihr wisst schon, wie ich das meine. Das hat sie gesagt. Ist das nicht eine Überraschung? Oh, das wird Gerede geben.«

Der König sprang von seinem Stuhl auf.

»Was? Wie kann er es wagen?«

Erbost rannte er aus dem Raum. Renée Claude folgte und grübelte laut:

»Euer Majestät, was ist in Euch gefahren? Was ist mit Eurem Bart, dem lockigen Haar – ich muss es richten und fertig machen. Was erregt Euch nur so?«

»Was mich aufregt? Was fällt Gernod ein, einfach dieses Mädchen als seine Tochter auszugeben? Woher will er das plötzlich so sicher wissen? Erst soll es meine …«

Wütend blieb der König stehen und blickte dem Friseur ertappt in die Augen. Renée Claude horchte interessiert auf.

»Eure …? Ich bin ganz Ohr, Euer Majestät, sprecht, sprecht weiter. Eure …? Böse Zungen haben eh behauptet …«

Der König hob drohend seinen Zeigefinger.

»Schweigt! Und seid nicht so neugierig. Böse Zungen interessieren mich nicht.«

Der Frisör verbeugte sich entschuldigend und flüsterte:

»Naturelement, ich habe nichts gehört. Und mein Mund ist versiegelt, absolutement fermer, Majestät.«

Zito fehlten die Worte, und so drehte er sich um und lief den Gang hinunter. Renée Claude folgte ihm rufend:

»Ich war nicht fertig. Ihr seid nur halb rasiert und gekämmt. Was macht Ihr denn jetzt schon wieder? Ach, Arbeiten hier ist unerträglich.«

Als der Raum leer war, landeten auf dem Fenstersims zwei Krähen. Kaum gelandet, verwandelten sie sich in Arfalla und Bursalda. Arfalla trug ein Kopftuch und drehte belustigt einen Gehstock in ihrer Hand. Sie schmunzelte gehässig.

»Menschen sind so einfältig und leicht zu verwirren.«

»Kein Rückgrat, verlogen und nur auf den eigenen Vorteil bedacht. Dem König fällt auf einmal ein, dass er keinen Erben mehr hat und somit das schöne Königreich irgendwann in fremde Hände fallen wird. Er könnte es mir geben. Ich wäre bestimmt eine gute Königin. Ich würde das Königreich größer und immer größer machen. Und alles würde mir gehören. Das wäre schön«, säuselte die Hexe der Habsucht kichernd.

Arfalla schaute sie mit hochgezogener Augenbraue durchdringend an und erwiderte:

»Menschen sind wie du: Nie zufrieden. Er wollte keine Tochter, jetzt hat er, was er wollte: keine Tochter – und ist unzufrieden. Jetzt will er die, die Gernod nur als Königstochter wollte. Und Ritter Gernod ist jetzt doch zufrieden, dass er eine Tochter hat. Immerhin einer.«

»Pfui. Ich mag zufriedene Menschen nicht«, bemerkte Bursalda.

»Ein unzufriedener Mensch reicht aus, um den anderen das Leben schwer zu machen. Und solange es unerfüllte Träume gibt …«

Mit diesen Worten ließ Arfalla den Gehstock und das Kopftuch zu einem Häufchen Staub in ihrer Hand zerfallen und fügte hinzu:

»… gibt es genug Seelen, die uns rufen, um ihren Träumen mit unserer Hilfe näherzukommen. Geschichten sind auch erst dann beendet, wenn wir nicht mehr gerufen werden.«

Sie blies den Staub in die königlichen Räumlichkeiten.

Die Hexen schauten sich an und sprachen lachend im Chor:

»Eure Seelen in unserer Hand,
das Gute in euch ist somit gebannt!
Wirst du schwach, dann hast du verloren,
denn die dunklen Mächte haben dich längst auserkoren.
Wir bieten dir an, was du auch willst,
es kostet nicht viel, nur ein Stück deiner Selbst.
Wir sind die neun Todsünden und haben nichts Gutes zu verkünden! Huhuhu!«

Mit diesen Worten ließen sie sich rückwärts aus dem Fenster fallen, verwandelten sich wieder in Krähen und flogen hoch in den Himmel hinauf, bis sie für das Auge nur noch kleiner werdende Punkte wurden und als solche am Horizont verschwanden.

Ende Teil 3 »Duell der Begierden«

BEREITS ERSCHIENEN: TEIL 1 – SCHATTEN DER VERGANGENHEIT

Hochbergen – ein sicheres und friedliches Fleckchen Erde, regiert vom gutmütigen König Zito IV., bis eine junge reisende Novizin namens Madeleine auftaucht. Usgalman, der Herrscher der Unterwelt, der bisher mit seinen Gespielinnen, den neun Hexen der Untugenden, dort ungestört sein Unwesen treiben konnte, fühlt sich durch sie und ihre Predigten gestört. Auch die Ereignisse am Hof scheinen sich plötzlich zu überschlagen. Selbst dem ehrenvollen Vertrauten des Königs, Ritter Gernod von Demian, beschleicht ein Unwohlsein, als er auf die junge Frau trifft. Das Höllengeschöpf muss mit ansehen, wie seine neun Untugenden mit ihren Verführungskünsten an Madeleine scheitern, und wird daraufhin selbst tätig.

Was geschieht, wenn böses Blut auf ein reines Herz trifft? Was, wenn bisher Verborgenes plötzlich ans Licht gezerrt wird? Hochbergen wird gnadenlos von seiner Vergangenheit eingeholt und Usgalman will sich dies zu Nutze machen, aber wieso sehen seine Hexen ihn plötzlich selbst verführt? Die Grenzen zwischen Gut und Böse verschwimmen. Ein Spiel zwischen den Welten, getrieben von Liebe, Hass und Lüge, beginnt. Die Vergangenheit wird Gegenwart.

E-Book: ISBN: 978-3-947032-01-3
Print-Ausgabe: ISBN: 978-3-947032-00-6
Hörbuch-Download, ISBN: 978-3-947032-02-0

BEREITS ERSCHIENEN: TEIL 2 – IM BANN DER ZWEIFEL

Die Vergangenheit wurde im einst so friedlichen Königreich von Hochbergen bereits zur Gegenwart. Die Schatten, die sich durch das Land ziehen, verheißen nichts Gutes. Auch die Pläne aller Beteiligten scheinen nicht aufzugehen, sondern werden von Zweifeln durchkreuzt: Zweifel an sich selbst, am jeweiligen Auftrag, an den Verbündeten und den gesetzten Zielen. Egal, ob es sich um die junge Novizin Madeleine, das Höllengeschöpf Usgalman und seine neun Untugenden oder den edlen Ritter Gernod und seinen König handelt – anscheinend alle beginnen ihr Handeln zu überdenken oder verlieren ihr ursprüngliches Ziel aus den Augen. Dadurch schwächen sie nicht nur sich selbst, sondern auch die Gemeinschaft, für die sie eigentlich stark sein müssten. Krieg und Heuchelei finden in die friedliche Welt Hochbergens zurück.

Verlieren die Beteiligten ihre Ideale oder sind sie genau von diesen verblendet und gefangen? Jeder wird auf seine Weise geprüft und hat selbstständig zu entscheiden, wie er mit den Entwicklungen am besten umgeht. Oder gibt es eine unbekannte Macht, die genau das will?

E-Book: ISBN: 978-3-947032-04-4
Print-Ausgabe: ISBN: 978-3-947032-03-7
Hörbuch-Download, ISBN: 978-3-947032-05-1

Weitere Infos

www.cecilia-ventes.de

facebook.com/ceciliaventesschriftstellerin

www.dinier-verlag.de

facebook.com/DINIER-verlag